JN107062

学入試

ゼロから覚醒

はじめよう

英作文

石井洋佑
Yosuke J. Ishii

かんき出版

はじめに　Preface

Q：そもそも，なぜ英語のライティングは難しいのでしょうか？

ライティングだけでなく英語そのものが苦手だという人は「単語を知らないから英語で表現できない」「センテンスを組み立てる文法力がないから」と答えます。英語のリーディングやリスニングにはそれなりに自信がある人でも「そもそも日本語でも書くことが思い浮かばない」などと悩みを抱えているようです。

でも，実は，英語の**ライティングは短期間で実力が上がる学習ジャンル**です。しかも，いまの英語力に関係なく，必要最低限のスキルさえ身につければ誰でもかなり書けるようになります。

この本は，英語が苦手な学習者でも，必要最低限の知識でなんとか書けるだけのスキルを身につけてもらうために，これ以上ないというぐらいシンプルに説明したつもりです。英単語や英文法の知識は十分なのにそれをライティングに活かせないという人にも役に立つはずです。

もう一度言いますが，ライティングは誰でも習得可能なスキルです。しかし，このスキルの覚醒には考え方・取り組み方のうえで 2 点，皆さん自身が変わらなければいけません。ひとつは，

「読み手にわかってもらうために書く」というコミュニケーションの意識を持つことです。

ライティングはどれだけ難しい文法や単語を使いこなせるかを競うコンテストではありません。読み手の期待に応えることが大事なのは，入試の英作文でも同じです。たとえ不正確であっても何を伝えたいのかが明確に書かれていれば大きな減点はありません。逆に文法のミスが全くなくても伝えたいことが何かがさっぱりわからないものは低い評価になってしまいます。

もうひとつは，

スキルを身につけるための練習の際には面倒がらずに手を動かすことです。

この本をざっと読んで「なるほど！」と思っても，それだけではスキルとして身につ
けたことを意味しません。できるか確認するには実際にやってみるしかありません。
そこでこの本には，英語を組み立てたり，完成させるタスクをたくさん入れました。
自分の答えを必ず書いてください。解答例から学ぶ際は必ず端折らずに全部書き
写してください。その際，音声を聞いてから，英語を声に出して読んだうえで書き
写すことをすると，一層学習効果が上がります。

ヨーロッパには，母国語でない外国語を流暢に使える人がたくさんいます。その理
由としてヨーロッパ言語が互いに似ていることばかり注目されますが，外国語教育
のプログラムが優れていることも見逃せません。そのヨーロッパの外国語の教室で
昔から課されるタスクの１つがディクテーションです。はっきりと聴き取れない部分
を推測することで，自分の言語知識が刺激されます。さらに，正しい形を確認する
ことで知識が整理されます。ディクテーションは単にリスニング力を伸ばすタスクで
はなく，スピーキング，リーディング，そしてライティングにも貢献する学習法なの
です。英作文を学んでいる皆さんも利用しない手はありません。

従来の入試英作文の参考書は文法・語法の定着を図る和文英訳形式の「条件
英作文」に取り組んでから，最後に少しだけ「自由英作文」をやるのが普通です。
この本はそれとは異なり，一貫して言語技術（Language Arts）としての「読み手
にわかってもらうための」ライティングを学ぶことが入試英作文への対応は勿論，
英語力をぐっと引きあげることになるという考えに基づいて構成されています。面倒
がらずに「手を動かして」ひとつひとつ学んでいくと，この本を終えるころには英
作文に対する心理的なハードルがぐっと下がっているはずです。この本が皆さんの
ライティングスキルの覚醒に一役買うことを心から祈っています。

できる人は成果の出る学習法を知っています。一方，できない人の多くは効果の出ない学習法をしています。自分に合った学習法を見つけることも大事ですが，英作文に自信がない人は騙されたと思って，1冊専用のノートを用意して，以下の方法で学習してみてください。

> ┌──────抽象──────┐ ┌──────具体──────┐
> *My dad **cannot do anything** without my mom. He asks her to **wake** him **up**,*
>
> *__cook__ every single meal, and **drive** him everywhere.*
>
> お父さんはお母さんがいないと何もできません。お父さんはお母さんに起こしても

文法用語や難しい言い回しを避け，身近な例を挙げながら説明されています。読んで理解すれば十分ですが，なかなか頭に入ってこない感じがする人は例をそのまま書き写すと良いと思います。上の場合，

My dad cannot do anything without my mom. He asks her to wake him up, cook every single meal, and drive him everywhere.

と日本語訳などは必要ないので英語だけ書き写します。

Quiz

> ### Quiz 11
>
> [　]内の語句を並べかえて，正しいセンテンスをつくってください。
>
> 1）リッチは困った人に手助けする。
> 　*Rich* [*in trouble / people / helps*].
>
> 2）サムは鼻でスパゲティーを食べることができる。
> 　*Sam* [*his nose / through / spaghetti / eat / can*].

必要なスキルを定着させる練習問題が随所に入っています。頭の中で解答するのではなくて，実際に答えを書いてください。空所の部分だけではなく全部書くこと，わからない場合でも何かを書くことをお勧めします。

1）　*Rich helps people in trouble.*

2）　*Sam can eat his nose through spaghetti*

Writing Task

> **Writing Task 1**
>
> *Write about yourself.*
>
> まずは「自己紹介」からです。迷わず，とりあえずペンを持ってどんどん書いてください。書くときは，次の❶から❹のことを意識してください。

後になってくるにつれて，与えられたトピックに対して英作文をするタスクが入ってきます。この場合もどんなに英語が苦手でも自分なりの解答をつくってみてください。

Sample

> **Sample**
>
> *My name is Toshikazu Shono. I am originall...*
> *Setagaya City in Tokyo now. I am a third-year h...*
> *math and chemistry. I don't like history or Japa...*
> *team. I don't go to practice very often. I like to ...*
> *a member of a rock band. I play the guitar. I h...*
> *sister lives alone. She works at a travel agency ...*
> *busy. My younger sister goes to high school. ...*
> *She often practices dancing in her room. I don't...*

Writing Task にはかならず解答例が書いています。ネイティヴスピーカーや相当な実力者でないと書けないものではなくて，比較的やさしい表現と文構造から成るものになっています。自分の英作文力に自信がない人こそ，この解答例から学ぶことは多いと思います。繰り返し読んだ後，音声を何度か聴き，最低１回はひと通り音読した上で，全部書き写してみることをお勧めします。

Answers

> **Answers 11**　　🔊 11
>
> １）[Rich] [helps] [people in trouble].
> ２）[Sam] [can eat] [spaghetti] through his nose.

終わったら，答え合わせをします。赤ペンをもって，間違った部分を直します。その上で，もう１度全部英語を書き直してください。

１）　*Rich helps people in trouble.* ✓

２）　*Sam can eat (his nose) through (spaghetti)*

Sam can eat spaghetti through his nose

5

Give It a Try!

Give It a Try! **3**

次の（ 1 ）~（ 5 ）の空欄に入れるのに最も適切な語を語群の中から選びなさい。ただし，文頭にくるべき語も小文字になっている。

(産業能率大学)

　　　　We look at people's appearance, such as eyes, hair, and height, all the time. （ 1 ） we meet someone we don't know, we create an idea of what that person is like in our mind. This is called a first impression.

　　　　How do we create a first impression of people? Most of the time, we see （ 2 ） the person looks like. For example, we may think that a person wearing glasses looks smart.

　　　　A writer Malcolm Gladwell, wrote about （ 3 ） we make decisions using our first impressions. He did a survey of the leaders of big companies in the United States. He found （ 4 ） a lot of them were tall men—about 1.8 meters. Most men in the United States are about 1.75 meters tall. Gladwell says that we choose taller people to be our leaders without knowing it. This is （ 5 ） tall people feel like leaders to us. But not everyone agrees. We don't always make important decisions based on only our first impressions.

各 Stage の最後には入試問題が掲載されています。純粋な英作文の問題だけでなく，空所補充・テキスト整序など読解系の問題も入っています。これは各 Stage で必要なスキルを理解しているかを確認するために適切な問題だからというだけでなく，絶対的な英語のインプットの量が足りない学習者に，書く上で手本になる英語に触れる機会を提供する意味合いもあります。したがって，正解不正解に一喜一憂するのではなく，目の前の英語から1つでも多くを学ぶ気持ちで取り組んでください。

入試問題は改変せず引用していますが，ネイティヴスピーカーの校正者と相談のうえ，若干の表現の修正を行なった箇所があります。

音声ダウンロード

本書に掲載しているAnswersとGive It Tryの解答の一部の音声がダウンロードできます。次ページの音声を利用した学習をする際に利用してください。

🔊のついた部分の音声をダウンロードできます（番号はトラック番号）。

パソコンかスマートフォンで，右のQRコードを読み取るか

https://kanki-pub.co.jp/pages/zerokaraeisakubun/
にアクセスして，音声ファイルをダウンロードしてください。

※音声ダウンロードについてのお問い合わせ先：http://kanki-pub.co.jp/pages/infodl/

英作文力を伸ばすためのディクテーション

「はじめに」でも述べましたが，ディクテーションは正しい方法で取り組めば，総合的な英語力をぐっと伸ばすことができます。Answers, Sampleには音声の読み上げがついています。間違った箇所，よくわからない箇所，手本にして学びたい箇所を選び，次の作業をすることをお勧めします。見本を示しましょう。下のテキストを使うとします。トラック00にはこの箇所の音声があります。

🔊))00

> *Most students don't study a lot. This means that you can be way ahead of a lot of other students if you study hard.*

1）テキストを音読してみます。読み方（＝発音）がわからない部分や，うまく読めない箇所がないか確認します。必要があれば印をつけてください。
2）テキストを見ながら，収録されている音声を聴きます。1）で気になったところを音声ではどのように読まれているかを確認します。必要なら複数回聴いてください。
3）センテンスごとに音声を聴き，後についてテキストを見ながらセンテンスを声に出します（Listen & Repeat）。必要なら繰り返してください。

> （音声）*Most people don't study a lot.* ➡（声に出す）*Most people don't study a lot.* ➡（音声）*This means that you can be way ahead of a lot of other students if you study hard.* ➡（声に出す）*This means that you can be way ahead of a lot of other students if you study hard.*

4）テキストから目を離して音声を通して聴きます。必要なら複数回聴いてください。
5）テキストを見ずに，音声を流し，ディクテーション（書き取り）をします。必要なら，音声を止めたり，繰り返し聴いてください。ただし，絶対に終わるまでテキストは見ないでください。
6）5）で自分が書き取った英語をテキストの英語と見比べて，間違いがないか確認します。
7）もう1度通して音声を聴いてみます。必要があれば繰り返し聴いてください。

この方法はペンを持って書き出す古典的なディクテーションの方法ですが，デジタルでのディクテーションとしてLISTEN AND WRITE（https://www.listen-and-write.com）という世界基準で有名なオンラインディクテーションのサイトをお勧めしておきます。書き取る代わりに，音声を聴いてタイプで打ち込むようになっています。検索ボックスに"From Zero to Breakthrough"と入れると本書の音声が見つかります。詳しくはhttps://note.com/this_and_that/n/ne5b1la88ddc0 をご覧ください。

もくじ Table of Contents

Stage 1

単語から
カタマリをつくる

いきなりセンテンスをつくろうとしてもうまくいかない理由

「はじめに」で，英語そのものはそれなりに得意でも，ライティングで苦しむ学習者がいることを述べました。どうしてそういうことは起こるのでしょうか。それは，**インプット（＝英語のテキスト※1 を理解すること）とアウトプット（＝英語のテキストを生み出すこと）では，必要なスキルや頭の使い方が異なる**からです。

インプット	テキスト → **センテンス** → カタマリ → 単語
アウトプット	単語 → カタマリ → センテンス → テキスト

インプットとは，英語のテキストを理解する作業です。英語の授業も個人の勉強もテキストを構成するセンテンス※2 に焦点を当てるのが一般的です。

1つひとつのセンテンスを文法を使って構造を分析します。センテンスを**意味のカタマリ**に分けます。例えば，下のようにスラッシュ（／）を入れることもおなじみですね。

example

My friend Andrew / is / a very unique person. // He / has / long, dark, wavy hair / and / always wears / a red beret and blue eyeglasses.

友だちのアンドリュー ／ です ／ とても独特の人 ／／ 彼 ／ している ／ 長くて，黒くて，波打った髪の毛 ／ そして ／ いつも着ている ／ 赤いベレー帽と青のサングラス

このとき，意味のカタマリからそれぞれの単語へ分かれていくプロセスにはあまり注意を払いません。なぜならば，そんなことを考えなくても意味をとるうえではあまり苦労しないからです。この例でも，スラッシュをどこで切るかは問題になっても，スラッシュ内の語句の構造を気にかける人はほとんどいません。

そして，英語のセンテンスを生み出すアウトプットの際も，同じように，いきなり知っている単語からセンテンスをつくろうとします。しかし，ごく器用な学習者を除いてうまくいきません。相手に伝わらないセンテンスをつくってしまうことも度々です。

それでは，どうすればよいのでしょうか。簡単です。**単語からいきなりセンテンスをつくるのをあきらめて，単語からカタマリのつくり方をまずは学ぶ**ことです。

> ✦ 覚醒POINT ✦
>
> **いきなりセンテンスをつくるのをあきらめて
> まずは単語からカタマリのつくり方を学ぶ**

※1 本書では，まとまりのある一定の長さの英語の文章（英文）を一貫して「**テキスト（*text*）**」と呼ぶことにします。

※2 本書では，主語と動詞とその他の部分からなり，ピリオドで終わる単位を「**センテンス（*sentence*）**」と呼びます。日本語では「文」「文章」が混同して使われることがあり，それによる誤解を避けるためです。

では，さっそく，カタマリのつくり方を学びましょう。はじめに「人・モノ・コトのカタマリ」のつくり方を，次に「*-ing*，*-ed/en*，*to do* を使ったカタマリ」のつくり方を見ていきます。

人・モノ・コトのカタマリをつくる

英単語でいちばんなじみ深いのはやはり**人・モノ・コトを表わす名詞**でしょう。おそらく多くの人は，名詞の勉強がいちばん簡単に感じているはずです。機械的に英語とそれに対応する日本語を覚えておけばよい，と。インプットの際はそれで済むかもしれません（済まないこともあります）。でも，いざアウトプットとなるとそれでは不十分です。ちょっとこれをやってみてください。

日本語の意味に合うように，カッコ内の語句を必要に応じて適切な形にしてください。

1）母は『ストレンジャー・シングス』が好きだが，私はあの番組が好きではない。

My mother loves <u>Stranger Things,</u> but I don't like（show）.

2）その刑事はサラ・トンプソンにいくつかの尋問をしたところ，その高校生の少女の応答は本当のことを言っているように思えた。

The detective asked Sara Thompson a few questions, and（answers）from the high school girl sounded honest.

3）アンドリューは動物が好きです。

Andrew likes（animal）.

4）嘘をつくことは許されません。

Telling（lie）is not acceptable.

5）冷蔵庫にチーズがある。

There is（cheese）in the fridge.

6）タクは私のためにギターを弾き，歌ってくれる。

Tak plays the guitar and sings（song）for me.

7）ジョウンはたいていの場合危険なことには近づかない。

Joan usually stays away from（danger）.

8）合衆国では21歳未満の若者はアルコールを購入できない。

In the United States, people under 21 cannot buy（alcohol）.

9）ケイティーはいつもぬいぐるみを持ち歩いている。

Katie always carries（stuffed animal）.

10）私の不注意によって彼氏と私との間に気まずさが生まれてしまった。

My careless mistake caused（awkwardness）between my boyfriend and me.

どうですか。「え，これそのままでよくない?」と思ったかもしれません。実際，英語の苦手な人の多くは，「友達」だから *friend* とかリンゴだから *apple* のように辞書の見出し語の形をそのまま使っていると思います。でも，名詞を**辞書の見出し語の形のまま使えることはあまりありません**。下のフローチャートを見てください。このように，人・モノ・コトを表わす名詞は**文脈に応じて適切な形が使われます**。このフローチャートを頭に入れて、適切な形で使えるようになってください。

 ## 人・モノ・コトを文脈に合わせて正しい形にする

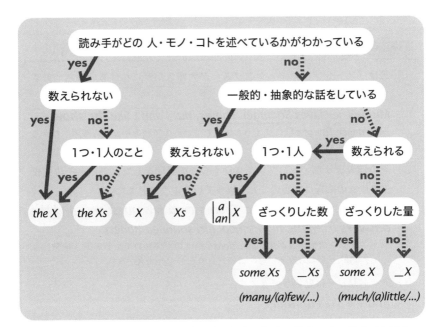

「頭に入れる? えっ，覚えるんですか?」と思った人，そうです。覚えてください。面倒ですよね。でも，丸暗記するのではなくて，人・モノ・コトについて英語で**書くたびにフローチャートを見てどの形にするか考えることを繰り返して**いけば，必ず上達します。何も考えないとあなたが正しい形を使える確率は3割を切るでしょうが，こうすることで8割9割は正しい形がつくれます。外国語の勉強としてはこれで十分です。

「でも，文法書や教科書にもこのフローチャートの内容は載っていませんよ」と言

う人，いや，そんなことはないですよ。『○×総合英語』のような書名の文法書を，高校で渡されませんでしたか。これらインプット用の文法書では，「名詞」という項目で「不可算名詞」「物質名詞」「抽象名詞」とかなんだか面倒な分類をしているので，多くの人はうっかり素通りしてしまうだけです。この内容を支える形でアウトプット用にできるだけ簡潔にまとめたのがこのフローチャートです。

「でも，ネイティヴスピーカーはこんな文法知らない」─嘘ですよ。**英語を小さい頃に触れて使ってきているネイティヴには，これらの区別は当たり前のこと**です。実際，彼らは「相手が自分が述べたい人・モノ・コトを知っているか」「数えられるか数えられないか」「1つ（1人）のことを話しているのか，そうでないのか」を意識して生活しています。

Answers 1   01

1）母は『ストレンジャー・シングス』が大好きだが，私はあの番組が好きではない。

  *My mother loves Stranger Things, but I don't like **the show**.*

  ➡*Stranger Things*と前にタイトルを出しているので読み手は何の番組かわかるので〈*the X*〉を使います。

2）その刑事はサラ・トンプソンにいくつかの尋問をしたところ，その高校生の少女の応答は本当のことを言っているように思えた。

  *The detective asked Sara Thompson a few questions, and **the answers** from the high school girl sounded honest.*

  ➡センテンスの前半に*a few questions*というのが使われているので，複数になり，意味上その応答というのは特定されるので〈*the Xs*〉です。

3）アンドリューは動物が好きです。

  *Andrew likes **animals**.*

  ➡文脈上「動物全般」について述べていて，動物は「1匹（頭），2匹（頭）…」と数えられるので，何もつけない複数形〈*Xs*〉を使います。

4）嘘をつくことは許されません。

  *Telling **lies** is not acceptable.*

  ➡ここでは一般的な話をしています。また，「嘘」は1回2回と数えられるので3）と同じで〈*Xs*〉を使います。

5）冷蔵庫にチーズがある。

*There is **some cheese** in the fridge.*

➡チーズは数えられません。「ざっくりとした量」を表わすために〈*some X*〉を使います。

6）タクはギターを持って私のために曲を歌って演奏してくれる。

*Tak plays the guitar and sings **some songs** for me.*

➡歌は「1曲，2曲…」と数えられますね。ここでは「何曲か」という「ざっくりした数」にするために〈*some Xs*〉を使うのがしっくりきます。

7）ジョウンはたいていの場合危険なことには近づかない。

*Joan usually stays away from **danger**.*

➡一般的・抽象的な話をしていて，かつ「危険」は数えられないのでそのままの形〈*X*〉です。

8）合衆国では 21 歳未満の若者はアルコールを購入できない。

*In the United States, people under 21 cannot buy **alcohol**.*

➡一般的・抽象的な話をしていて，「アルコール（お酒）」は水と同じで数えられないのでそのままの形〈*X*〉です。

9）ケイティーはいつもぬいぐるみを持ち歩いている。

*Katie always carries **a stuffed animal**.*

➡ぬいぐるみは数えられます。かつ読み手（聞き手）はどのぬいぐるみかまだ特定できないので〈*a X*〉です。

10）私の不注意によって彼氏と私との間に気まずさが生まれてしまった。

*My careless mistake caused **an awkwardness** between my boyfriend and me.*

➡この場合の「気まずさ」は一区切りのもので，かつ，読み手はまだそれが何かわからないので〈*an X*〉を使います。

いかがでしたか。最初は間違えても，フローチャートを見れば正解にたどり着けるはずです。さらに，解説を読むと納得できると思います。このように，ひとつひとつの名詞が何を表わして，どのような形で使われるのかを意識することが大切です。

✦ 覚醒POINT ✦

ひとつひとつの名詞が，文脈に応じて
適切な形で使われていることを意識する

〈限定詞＋形容詞＋名詞〉のカタマリをつくる

Quiz **2**

[　]内の語を正しい順番に並べかえて，名詞のカタマリをつくってください。

1）[friend / best / my]
2）[a / person / unique]
3）[clothes / many / old]
4）[songs / some / popular]
5）[car / his / red / sports]
6）[problem / a / serious]
7）[money / more / much]
8）[big / two / cities]
9）[customers / few / young]
10）[track / right / the]

ここまで名詞に文脈で必要に応じて a, an, the, some などをつけることを学んできましたが，これらの語を**限定詞**と呼びます。**限定詞は名詞の前につき，どの人・モノ・コトを指しているか，あるいは名詞の数や量などを表わします。**

a, an, the という冠詞だけでなく，this, that のような指示語，my, your, his, her などの所有限定詞，その他，数や量を表わす some, any, a lot of, many, much, more, most, (a) little, (a) few, less, fewer, no, another, other, every, each などたくさんあります。

形容詞に似ていますが，明確な違いもあります。**形容詞は名詞に詳しい情報を描写・説明する働きがある**のに対して，限定詞は「誰の」「ど（ちら）の」「多い／少ない」などの最低限の情報しか伝えません。文法的機能としても，形容詞は原則比較級（-er, more 〜）と最上級（-est, (the) most 〜）をつくれますが，限定詞にはそれができません。

形容詞　*tall – taller – tallest*　　*beautiful – more beautiful – most beautiful*

限定詞　*a* －× *more a* －× *most a*　　*some* －× *somer* －× *sommest*

ここで覚えたいのは，**限定詞と形容詞の両方が名詞につくときは必ず〈限定詞＋形容詞＋名詞〉の語順になる**ということです。

Answers 2　　　　　　　　　🔊))02

1) *my best* `friend`　私の親友

2) *a unique* `person`　個性的な人

3) *many old* `clothes`　多くの古着

4) *some popular* `songs`　いくつかの人気曲

5) *his red* `sports car`　彼の赤いスポーツカー

6) *a serious* `problem`　深刻な問題

7) *much more* `money`　もっと多くのお金

　　➡このように２つ以上の限定詞が名詞につくこともある。

8) *two big* `cities`　２大都市

9) *few young* `customers`　ほとんどいない若い客

　　➡*a few young customers*だと「少しはいる若い客」という肯定的な意味になる。

10) *the right* `track`　正しい道（方向性）

〈限定詞＋形容詞＋名詞〉は**絶対に覚えなければいけない大事な語順**ですが，もちろん限定詞と形容詞のどちらか，あるいは両方がつかないケースもあるので，柔軟に対応できるようになってください。

〈限定詞＋名詞〉　*every* `morning`　毎朝

　　　　　　　　　most `stations`　ほとんどの駅

　　　　　　　　　other `people`　他の人々

〈形容詞＋名詞〉　*different* *strategies*　異なる戦略

　　　　　　　　stupid *jokes*　ばかばかしい冗談

　　　　　　　　dry *air*　乾いた空気

〈名詞〉のみ　　*visitors*　訪問客

　　　　　　　security　安全（性）

　　　　　　　economy　経済

✦ 覚醒POINT ✦

〈限定詞＋形容詞＋名詞〉 の大原則を頭に叩き込む

 〈前置詞＋名詞のカタマリ〉 をつくる

今度はこのカタマリの前に *at, in, on, with* などの**前置詞**がきて，より大きなカタマリを形成することを学びましょう。

Quiz **3**

［　］内の語を正しい順番に並べかえて，意味の通るカタマリをつくってください。

1）［ *Thursdays / on* ］

2）［ *team / a / as* ］

3）［ *school / at* ］

4）［ *favorite / his / to / place* ］

5）［ *the / days / four / next / for* ］

6）［ *the / in / 50s* ］

7）［ *issues / about / social* ］

8）［ *member / each / with* ］

9）［ *beginning / from / the* ］

10）［ *percent / and / between / 9 / 8* ］

鉄則中の鉄則は語順で，常に 〈**前置詞＋** **名詞（のカタマリ）**〉です。

Answers 3 🔊))03

1）*on* | *Thursdays* |　木曜日に
　➡「毎週木曜日に」(=*every Thursday*)という意味です。
　×*on every Thursday*は誤りです。*on Thursday*だと「その週の木曜日に」とい
　う意味になります。

2）*as* | *a team* |　（1つの）チームとして
　➡*team* /tím/（× /ʧím/）はきちんと発音できるようにしましょう。

3）*at* | *school* |　学校で
　➡*school*は数えられそうな気がしますが，「建物の場所」ではなく「学びの場」と
　いう教育機能を意味するときは *at school, to school*「学校に」のような使い方
　が基本です。「バスで」は *by bus* で ×*by a bus*，×*by the bus*とは原則言い
　ません。「乗り物」ではなく「交通手段」を意味しているからです。

4）*to* | *his favorite place* |　彼のお気に入りの場所へ

5）*for* | *the next four days* |　これから4日間は
　➡ここでの *for X* は「*X* の間ずっと」という期間を表します。その他，「*X* のた
　めに」(目的)，「*X* にとって(は)」(観点)といった用法も押さえておくとよい
　でしょう。

6）*in* | *the 50s* |　50年代に（は）

7）*about* | *social issues* |　社会問題について

8）*with* | *each member* |　部員／メンバーのそれぞれと

9）*from* | *the beginning* |　最初から

10）*between* | *8 and 9 percent* |　8から9パーセントの間
　➡*between X and Y*「XとYの間(に)」は，時間・空間・数・量と幅広く使えます。

いかがでしたか。おそらくほとんど正解できたと思いますが，その理由は *on Thursdays, at school* などは"見たことがあるから"ということもあると思います。それでいいのです。〈前置詞＋名詞のカタマリ〉をつくるうえで**一番ダメなのは，日本語の「て・に・を・は」に引きずられる**ことです。日本語の「て・に・を・は」（助

詞／後置詞(こうちし)）は *in, at, with* などの英語の前置詞に一見ちょっと似ていますが，１対１で対応することは絶対にないので，**日本語から類推する悪い癖はやめて，自分が知っている使い方のものだけ使う**ように心がけてください。それだけで，誤りや意味が通じなくなる表現を使う可能性をかなり減らすことができます。

〈前置詞＋ 名詞のカタマリ 〉は**副詞のカタマリ**（＝動詞部分にかかって「どのように」の意味を添える）としての用法が基本です。

Joe <u>works</u> （ *at* │ *an IT company* ）． ジョーはIT企業で働いています。

an IT company という〈前置詞＋ 名詞のカタマリ 〉は動詞 *works* にかかって，「どこで働いているのか」という意味を添えています。

Hiroshi <u>is always talking</u> （ *to* │ *new people* ）．

ヒロシはいつも新しい人と話をしている。
〈前置詞＋ 名詞のカタマリ 〉である *to new people* は動詞部分 *is talking* にかかって，「どんな人と話をするのか」ということに関する意味を添えています。

このような使い方は理解しやすいと思います。やや難しいのは，**〈前置詞＋名詞のカタマリ〉が名詞の後ろについてかかるパターン**です。すなわち，〈 名詞のカタマリ ＋前置詞＋ 名詞のカタマリ 〉です。これは〈 人・モノ・コト ＋前置詞＋ 人・モノ・コト 〉という語順になり，何がどこにかかるかわからなくなり，ミスを犯す学習者がたくさんいます。例を見てみましょう。

│ *a convenience store* │ *in* │ *my neighborhood* │． 近所のコンビニ

│ *a drop* │ *in* │ *sales* │． 売り上げの落ち込み

│ *two big cities* │ *in* │ *Japan* │． 日本の２大都市

✦ 覚醒POINT ✦

〈前置詞＋ 名詞のカタマリ 〉 は動詞部分にかかるのが基本
〈 名詞のカタマリ ＋前置詞＋ 名詞のカタマリ 〉 に注意

Quiz 4

[ ]内の語を正しい順番に並べかえて，日本語の意味に合うカタマリをつくってください。

1）学校生活　[at / my / school / life]
2）コンビニ店員　[stores / clerks / convenience / at]
3）角のテーブル　[in / table / corner / a / the]
4）世界の認識のしかた　[world / her / of / the / perception]
5）科学の最新の成果　[in / latest / science / developments]
6）彼女の忖度なしの政治に関する考え
　　[honest / about / opinions / politics / her]
7）高校生活のピーク
　　[life / exciting / high / moment / school / the / in / my / most]
8）合唱部の部員ひとりひとり　[chorus / each / of / the / member]
9）異なる種類のエネルギー源
　　[of / different / energy / sources / kinds]
10）ラリーと妻のあいだに生じた気まずさ
　　[and / awkwardness / wife / between / Larry / his / an]

Answers 4))04

1）　my life　at school

2）　clerks　at convenience stores

3) | *a table* | *in the corner*

4) | *her perception* | *of the world*

5) | *latest developments* | *in science*

6) | *her honest opinions* | *about politics*

7) | *the most exciting moment* | *in my high school life*

8) | *each member* | *of the chorus*

9) | *different kinds* | *of energy sources*

➡ 日本語の「て・に・を・は」に引きずられる危険性を前に書きましたが，ここ
も同じです。*X of Y* ＝「*Y*の*X*」と機械的に覚えて，それをアウトプットに応用
すると失敗します。*a lot of X*「たくさんの*X*」と同じで *different kinds of X*「異
なる種類の*X*」は〈限定詞＋名詞〉のような働きをしています。昔は中学校な
どで，*a kind of X*「一種の*X*」という熟語で *Judo is a kind of sport. / Judo is a
kind of martial arts.*「柔道は一種のスポーツである」「柔道は武道の一つであ
る」のような例文を習うことが多かったと思いますが，*Judo is a sport. / Judo
is a martial art.* と簡単に言えばいいので，*kind of*「ちょっとした」を挟むのは
ライティングでは好まれません。*...kinds of X* は「…の種類の*X*」は主に複数形
で使われます。*All kinds of people came to the event.*「あらゆる種類の人々
がその行事にやってきた」

10) | *an awkwardness* | *between Larry and his wife*

 -ing, -ed/en, to do を使ったカタマリをつくる

引き続き，単語→カタマリのパターンを見ていきます。ここからは，*-ing, -ed/en,
to do* を使ったカタマリのつくり方を見ていきます。
まずはウォームアップ代わりに，次のクイズを解いてみましょう。

Quiz **5**

（　）内の動詞の形を変えて，英文をつくってください。

１）Sayaka is（make）coffee behind the counter.
２）Billie Eilish is good at（show）her artistic side.
３）Danny should consider（go）back to the United States.
４）（Work）at a convenience store seemed pretty easy.
５）The use of nuclear power has greatly（decline）.
６）AKB48, SKE48, and Nogizaka46 songs' lyrics are（write）by Yasushi Akimoto.
７）Mark decided（run）a marathon in May.
８）One solution is（cut）costs.
９）Mr. Kato asked me（change）my behavior.
10）I started this part-time job（earn）money.

Answers **5**

05

１）Sayaka is **making** coffee behind the counter.
２）Billie Eilish is good at **showing** her artistic side.
３）Danny should consider **going** back to the United States.
４）**Working** at a convenience store seemed pretty easy.
５）The use of nuclear power has greatly **declined**.
６）AKB48, SKE48, and Nogizaka46 songs' lyrics are **written** by Yasushi Akimoto.
７）Mark decided **to run** a marathon in May.
８）One solution is **to cut** costs.
９）Mr. Kato asked me **to change** my behavior.
10）I started this part-time job **to earn** money.

✎ *-ing* の超基本用法

いちばん基本的な用法として，〈 **be + -ing** 〉 で進行中・継続中・未完了を表わす用法があります。

*Sayaka **is making** coffee behind the counter.*
サヤカはカウンターの後ろでコーヒーを淹れている。

ここで注意したいのは，主語との一致や時制という**文法機能を伝えるのは be であり，意味を伝えるのは -ing 形**ということです。

*Sayaka and Toshi were **making** coffee behind the counter.*
サヤカとトシはカウンターの後ろでコーヒーを淹れていた。

とするとき，形を変えるのは *be* です。*-ing* は元の動詞の意味を残しながら「…している」という形容詞になったと考えるとよいかもしれません。下の例を見てください。*happy* という形容詞の部分に *run* の *-ing* を入れることで意味が変わります。

Sayaka is happy now.   サヤカは今ご機嫌です。
Sayaka is running now.   サヤカは今走っています。

-ing のもうひとつの超基本用法があります。**「…すること」ということがらを表わすカタマリ**をつくります。

Billie Eilish is good at showing her artistic side .
ビリー・アイリッシュは自分のアーティストとしての感性を表現するの がうまい。

Danny should consider going back to the United States .
ダニーは アメリカに帰ること を考えるべきだ。

Working at a convenience store *seemed pretty easy.*
コンビニでの仕事 はとても簡単そうに思えた。

24

-ed/en の超基本用法

-ed/en 形は「過去分詞」と呼ぶ人もいますが，必ずしも過去を表わすわけではありません。大きく分けて，2 つの超基本用法があります。
ひとつは **〈 have + -ed/en 〉** で，**幅のある時間**を表わします。

*The use of nuclear power <u>has</u> greatly **declined**.*
原子力の利用は大きく減少した。〈<u>ある過去の時点から現在までの幅</u>〉
                        A

*The use of nuclear power <u>had</u> greatly **declined** by then.*
原子力の利用はそのときまでにはすでに大きく減少していた。〈<u>ずっと前の過去から過去のある時点までの幅</u>〉
        B

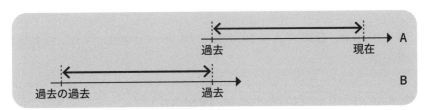

もう 1 つは **〈 be + -ed/en 〉で受け身**の用法です。「秋元康氏は AKB48 やSKE48 や乃木坂 46 の作詞をする」という秋元氏の仕事ぶりを伝えるセンテンスを情報の順番を入れ替えることで「AKB48 や SKE48 や乃木坂 46 の作詞は誰がしているのか」を伝えるセンテンスになります。

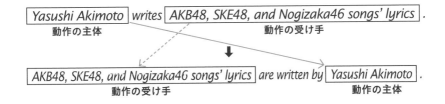

to do の超基本用法

絶対に使えないといけない *to do* の超基本用法は，大きく分けて 3 つあります。
1 番目は **「…すること」という " ことがらを表わす用法 "** です。

Mark decided | *to run a marathon in May* | .
マークは 5 月に | マラソンをすること | に決めた。

〈動詞＋ *to do* 〉で使われる動詞はある程度決まっていて，*decide, plan, choose, hope* など，これから（未来）のことに関係するものが多いです。
また，「 *X* は…することです」という内容のセンテンスもつくることができます。

One solution is | *to cut costs* | .　　1 つの解決策は | コストを削減をすること | です。

2 番目の用法は，**〈動詞＋ 人 ＋ *to do* 〉**で「人が…するように／することを動詞」
の形です。

Mr. Kato asked | *me* | *to change my behavior.*
加藤さんは私に行動を改めるように頼んだ。

「行動を改め」なくてはならないのは「私」です。このように，**動詞の後の 人 が *to do* の動作の主体**になっているのがポイントです。
〈動詞＋ 人 ＋ *to do* 〉のパターンをとる動詞はある程度決まっていて，*want, tell, get, allow, require, expect* は押さえておきたいところです。

3 番目の用法は，**「…するために」という目的・理由を表わす用法**です。

I started this part-time job | *to earn money* | .

私はこのバイトをお金を稼ぐために始めた。

「バイトを始めた」という行動の理由が *to earn money* という *to do* で表わされて
います。

人・モノ・コトにつく *-ing, -ed/en*

ここまでの内容は超基本用法で，英語が苦手で中学で習うことの基本中の基本でも忘れていたという人のための復習で，ここからが本番です。

p.16 〜 p.18 で〈限定詞＋形容詞＋名詞〉という人・モノ・コトを表わす名詞のカタマリのつくり方を学びましたが，この形容詞の位置に *-ing* や *-ed/en* がくることがあります。

Quiz **6**

日本語の意味に合うように，[ ]内の語から正しい形を選んでください。

1) [*shocking / shocked*] *news*　衝撃的な知らせ
2) [*mixing / mixed*] *feelings*　複雑な感情
3) [*growing / grown*] *economy*　成長過程の経済
4) [*working / worked*] *mothers*　仕事をしている母親
5) [*advancing / advanced*] *technology*　すぐれた科学技術
6) *a very* [*challenging / challenged*] *goal*　達成が非常に困難な目標
7) *a* [*breaking / broken*] *window*　壊れている窓
8) *a* [*decorating / decorated*] *area*　飾りつけのついた地域
9) *the most* [*exciting / excited*] *moment*　最も興奮する瞬間
10) *more* [*updating / updated*] *information*　より最新の情報

Answers **6**

1) ***shocking*** *news*：*shock* という動詞は *That news* <u>*shocked*</u> *us.*「その知らせが私たちを震え上がらせた」のように コト *shock* 人「コトが人にショックを与える」という使い方をします。そこから派生して *That news is* <u>*shocking.*</u>「その知らせはショックだ」のように「震え上がらせるような」という形容詞として使え，名詞の前に置くときもこの形です。このように〈 *-ing + X* 〉＝〈 *X is -ing* 〉が多くの場合成り立ちます。

2）**mixed** feelings：さまざまな感情が混ぜられてごちゃごちゃになっているということでこれは -ed/en のもつ受け身のニュアンスと合致します。これも〈-ed / en ＋ X〉＝〈X is -ed/en〉と考えるといいでしょう。

3）**growing** economy：Economy grows.「経済は成長する」のように使い，これが〈-ing ＋ X〉＝〈X is -ing〉と考えてもよいのですが，developed countries「先進国（＝すでに発展した国々）」と developing countries「発展途上国（＝現在発展の真っ最中の国々）」と同じように日本語にある意味から growing を選択するのが正確です。

4）**working** mothers：これは Those mothers are working.「あのお母さんたちは仕事をもっている」なので -ing です。ただ，結婚している女性が外で仕事を持つのが大多数になってきて，housework（家事）も仕事と考えられるので，近いうちにこの表現は死語になるかもしれませんね。

5）**advanced** technology：advanced は「進んだ」から派生して「洗練された」「性能の良い」という意味があります。語学のクラスでは「上級の」授業や履修者を advanced class，advanced students と言います。

6）a very **challenging** goal：日本語の「チャレンジ（する）」は挑戦する心意気に共感して使われることが多いですが，英語では「無謀にも強い相手に刃向かう」というニュアンスがあります。Moriarty **challenged** Holmes to another game.「モリアーティーはホウムズに再戦を挑んだ（おそらく勝てないが）」や Kimmie often **challenges** her coach's rules.「キミーはよくコーチの言うことに逆らう（その結果，問題を起こす）」。名詞の challenge も多くは difficulty（困難）の言い換えです。だから，challenging ＝ hard，difficult と考えておくとよいでしょう。

7）a **broken** window：これはもちろん，窓が何かを壊すわけはなく，The window is broken. と同じで -ed/en が使われます。

8）a **decorated** area：The area is decorated.「その地域は装飾されている」なので -ed/en です。

9）the most **exciting** moment：モノ・コト excite 人 「モノ・コトが 人 を興奮させる」なので The moment is exciting. と考えて -ing にします。よく「その女性は興奮している」のつもりで×The woman is exciting. とする学習者がいますが，「その女性が関心をひくような格好や言動をして周囲を興奮させる（品のない言葉だと「そそる」）」という意味になってしまうので，The woman is excited. とすべきところです。

10）more **updated** information：「アップデートする」は日本語にもなっていますが，人 update モノ 「人 が モノ を最新のものにする」なので，ここは The information is updated. と考えます。

-ing, -ed/en による描写・説明が後ろにくるとき

〈限定詞＋形容詞＋ 名詞 〉のカタマリの形容詞のところに -ing や -ed/en がくることができることを学びました。今度はそこから進んで, -ing や -ed/en で始まるカタマリが前にある名詞のカタマリにかかる形を見ていきます。

a shabby café | run by a neighbor 　近所の人が経営している しょぼい喫茶店

a shabby | café | 自体が〈限定詞＋形容詞＋ 名詞 〉から成る「しょぼい喫茶店」というモノのカタマリです。それに, さらに,「近所の人が経営している」という情報をつけ加えたい場合は, 日本語の語順と同じにするとどの語句がどの別の語句にかかっているのかわからないので英語では後ろにつけます。これは,

A shabby café | is run by | a neighbor |.「しょぼい喫茶店を近所の人が経営している」というセンテンスの be を取り除くと, 残り全部が A shabby café にかかると考えてもいいと思います。

high school students | wearing uniforms 　制服を着ている 高校生

今度は -ing から始まる wearing uniforms というカタマリが前にある high school students という人を表わす名詞のカタマリにかかっています。これも

High school students | are wearing | uniforms |. の are が抜け落ちた形と考えてもかまいません。

Quiz **7**

[　]内の語句を並べかえて日本語の意味に合う正しい名詞のカタマリをつくってください。

１）[COVID-19 / scientists / researching]
　　新型コロナウイルスを研究中の科学者
２）[by / movies / Alfred Hitchcock / directed]
　　アルフレッド・ヒッチコック監督の映画
３）[in / store / new / a / London / opening]
　　ロンドンに開店予定の新店舗

4) [*a / a / designed / famous / by / house / architect*]
   有名建築家デザインの家
5) [*north / facing / houses / the*]　北向きの家
6) [*hiking / for / made / shoes*]　ハイキング用の靴
7) [*the beach / on / a / lying / girl*]　海岸で寝ている少女
8) [*typhoon / following / a few / days / a*]　台風の後の数日間
9) [*Starbucks / at / served / coffee / the*]
   スターバックスで出るコーヒー
10) [*a few / the / the / ago / tsunami / damaged / areas / by / years*]
   数年前津波の影響を受けた地域

Answers 7　 07

1) [scientists] *researching COVID-19*
2) [movies] *directed by Alfred Hitchcock*
3) [a new store] *opening in London*
4) [a house] *designed by a famous architect*
5) [houses] *facing the north*
6) [shoes] *made for hiking*
7) [a girl] *lying on the beach*
8) [a few days] *following a typhoon*
9) [the coffee] *served at Starbucks*
10) [the areas] *damaged by the tsunami a few years ago*

 人・モノ・コトの後ろにつく *to do*

-*ing* や -*ed/en* だけでなく，***to do*** も描写・説明語句として人・モノ・コトを表わす
カタマリの後ろにつくことがあります。

Roger does not know | *how* | *to lead others.*

ロジャーは人を動かすことができない。

コトを表わす *how* は「やり方」「方法」（= *the way* ）という意味ですが，これに *to do* をつけることで「…するやり方／方法」を表わすカタマリになります。

Quiz **8**

（　）に入る語を[　]内から選び，１）から６）のセンテンスを完成させてください。

１）*Josh is always thinking about*（　　　）*to make money.*
２）*Lisa is still trying to decide*（　　　）*to wear.*
３）*Saki asked Linda*（　　　）*to stay in London.*
４）*You need to learn*（　　　）*to say no.*
５）*Ellery was not sure*（　　　）*to believe her story.*
６）*It is difficult to find out*（　　　）*to trust at work.*
　　[*whether / how / who / when / what / where*]

Answers **8**　　　🔊))08

１）*Josh is always thinking about* | *how* | *to make money.*
　　ジョシュはどうやってお金を稼ぐかをいつも考えている。

２）*Lisa is still trying to decide* | *what* | *to wear.*
　　リサは何を着ていくのかまだ決めかねている。

３）*Saki asked Linda* | *where* | *to stay in London.*
　　サキはリンダにロンドンでどこに泊まったらいいか尋ねた。

４）*You need to learn* | *when* | *to say no.*
　　ノーといつ言うかを学ばないといけない。

５）*Ellery was not sure* | *whether* | *to believe her story.*
　　エラリーは彼女の話を信じるべきか確信がなかった。

６）*It is difficult to find out* | *who* | *to trust at work.*
　　仕事場で誰を信頼すればよいのかを判断するのは難しい。

Wh 語以外の語にも *to do* がつくことがあります. 次のような場合です.

The couple is looking for a house *to live in.*　その夫婦は住む家を探している.

Mark has a lot of work *to finish in the next few weeks.*

マークはこれから 2 週間で終えないといけないたくさんの仕事を抱えている.

We need some milk *to put in the coffee.*　コーヒーに入れるミルクが必要だ.

いずれの場合も *live in* a house 「家に住む」／ *finish* a lot of work *in the next few weeks* 「2 週間でたくさんの仕事を終わらせる」／ *put* some milk *in the coffee* 「いくらかの牛乳をコーヒーに入れる」のようにかかっている名詞が動詞部分の動作の対象になっていることが特徴です.

Quiz 9

[　]内の語句を並べかえて, 1)から 5)を意味が通るカタマリにしてください.

1)［ *this / support / to / reasons / a few* ］
2)［ *business / start / to / money / a* ］
3)［ *famous / a / people / to / see / chance* ］
4)［ *to / new / fashion / foster / ability / the* ］
5)［ *discuss / to / issues* ］

Answers 9

🔊))09

1)　a few reasons *to support this*　これを支えるいくつかの理由
2)　money *to start a business*　事業を始めるためのお金
3)　a chance *to see famous people*　有名人に会う機会
4)　the ability *to foster new fashion*
　　新しいファッションを生み出す能力
5)　issues *to discuss*　議論すべき課題

では最後に，大学入試問題を解いてみましょう。この Stage で学んだことを応用すれば，正解することができます。

Give It a Try! **1**

空欄に当てはまる語句として，最も適切なものを選びなさい。

1) The manager is (　　) with the new sales plan.
　　A. please　　B. pleasing　　C. to please　　D. pleased

（東洋大学）

2) I (　　) a lot of sweets when I was a high school student.
　　A. am eating　　B. eats　　C. ate　　D. have eaten

（松山大）

3) Fortunately, we had (　　) participants from the Kansai area at this year's convention.
　　A. much　　B. most　　C. many　　D. a lot

（産業能率大学）

4) I didn't bring (　　) money with me. Can I borrow some from you?
　　A. much　　B. many　　C. a lot　　D. lots

（亜細亜大学）

5) Planning a trip can be almost as much fun as (　　) itself.
　　A. a trip　　B. the trip　　C. the trips　　D. trips

（産業能率大学）

6) He is busy during the day. He finds (　　) time for lunch.
　　A. any　　B. a few　　C. little　　D. none

（東京家政大学）

7) It is expected that (　　) student will receive the certificate through email.
　　A. all　　B. every　　C. few　　D. little

（武蔵大学）

33

１) 解答：D. The manager is **pleased** with the new sales plan. 「部長は その営業計画に喜んだ」

→ please「喜ばせる」という動詞は その -ed/en 形を使って be pleased with モノ・コト で「モノ・コト に喜ぶ」と表現できます。

２) 解答：C. I **ate** a lot of sweets when I was a high school student. 「私は高校生のころたくさんお菓子を食べた」

→ 過去の状態のことなので，普通に過去形（-ed 形）を使います。「高校生からずっとお菓子を食べ続けてきた」ならば〈have + -ed/en〉で I have eaten a lot of sweets **since** I was a high school student. とすることができます。

３) 解　答：C. Fortunately, we had **many** participants from the Kansai area at this year's convention. 「幸運なことに，今年の例会では関西地方からたくさんの参加者がありました」

→ much は数えられない名詞に使います。most「大部分の」はここでは意味が通りません。

４) 解答：A. I didn't bring **much** money with me. Can I borrow some from you? 「手元にあまりお金がないんです。いくらか貸してもらえますか」

→ many は数えられる名詞に使います。C は a lot of money, D は lots of money **のように** of が必要です。

５) 解答：B. Planning a trip can be almost as much fun as **the trip** itself. 「旅行の計画を立てることは旅行そのものと同じぐらい楽しい」

→ はじめに Planning a trip とし，それを受けているので何を指しているかがわかっていますから the trip とします。

６) 解答：C. He is busy during the day. He finds **little** time for lunch. 「彼は日中通して忙しい。昼食に行く時間がほとんどない」

→ any「どんな」は意味上合いません。He does not find any time... なら正解です。a few は数えられる名詞の前に使われます。none は代名詞で名詞の前に使えません。He finds no time... なら正解です。

７) 解答：B. It is expected that **every** student will receive the certificate through email. 「すべての学生は証明書をメールで受け取ることができるようになっている」

→〈every ＋名詞の単数形〉を使います。student は数えられる名詞なので，数えられない名詞の前にくる little は使えません。all は few の場合は all students, few students としなければいけません。

Give It a Try!　2

各空欄に語または句をもっとも適切な順序で並べて，それぞれの日本語の意味を表わす英語にしなさい。

1）私の留守の間，犬のことは母が世話をしてくれた。

My dog ☐1☐ ☐2☐ ☐3☐ ☐4☐ by my mother while I was away.

A. care　　B. taken　　C. was　　D. of

　　　　　　　　　　　　　　　　　　（成蹊大学・文・改題）

2）私たちの町を流れる川は，センカワと呼ばれています。

☐1☐ ☐2☐ ☐3☐ ☐4☐ ☐5☐ ☐6☐ ☐7☐ ☐8☐ the Senkawa.

A. called　　B. is　　C. our　　D. river　　E. running　　F. the

G. through　　H. town

　　　　　　　　　　　　　　　　　　（白百合女子大・文）

3）ジョンはロビーに立っている同僚が以前の同僚だとわかった。

John noticed that the woman standing in the lobby ☐1☐ ☐2☐ ☐3☐ ☐4☐ ☐5☐ ☐6☐ .

A. a　　B. colleague　　C. former　　D. his　　E. of　　F. was

　　　　　　　　　　　　　　　　　　（日本大学・理工）

4）クリスは細かい点まで覚える驚くべき能力がある。

Chris ☐1☐ ☐2☐ ☐3☐ ☐4☐ ☐5☐ .

A. ability　　B. an　　C. astonishing　　D. has

E. to memorize

　　　　　　　　　　　　　　　　　　（金沢工業大学）

5）春の訪れは彼女に新たな希望をもたらす。

The arrival ☐1☐ ☐2☐ ☐3☐ ☐4☐ ☐5☐ ☐6☐ ☐7☐ of hope.

A. her　　B. gives　　C. a　　D. of　　E. renewed　　F. sense

G. spring

　　　　　　　　　　　　　　　　　　（東京経済大学）

次の日本語を英語に訳しなさい。

　　　　　　　　　　　　　　　　　　（学習院大学・法）

6）電車が到着した時，私たちは40分待っていた。

We ＿＿＿＿＿＿＿＿＿＿＿＿＿＿＿＿＿＿＿ when the train arrived.

7）他人の悪口を言うのは失礼だ。

It ＿＿＿＿＿＿＿＿＿＿＿＿＿＿＿＿＿＿＿＿＿＿＿＿＿＿＿ .

１） 解答：１.C.－２.B.－３.A.－４.D.

My dog was taken care of by my mother while I was away.

➡〈be ＋ -ed/en〉を使った受け身のセンテンスです。

２） 解答：１.F.－２.D.－３.E.－４.G.－５.C.－６.H.－７.B.－８.A.

The river running through our town is called the Senkawa.

➡ The river running through our town 「私たちの街を流れる川」

３） 解答：１.F.－２.A.－３.C.－４.B.－５.E.－６.D.

John noticed that the woman standing in the lobby was a former colleague of his.

➡ a former colleague of his を a friend of mine 「私の友達のひとり」のようにつくれるかがポイントです。

４） 解答：１.D.－２.B.－３.C.－４.A.－５.E.

Chris has an astonishing ability to memorize.

➡名詞のカタマリをきちんとつくれるかがポイントです。

an astonishing ability to memorize.

５） 解答：１.D.－２.G.－３.B.－４.A.－５.C.－６.E.－７.F.

The arrival of spring gives her a renewed sense of hope.

６） We had waited (there) for forty minutes when the train arrived.

➡待ち始めたときから電車が来たとには時間の幅があります。このようなときは〈had ＋ -ed/en〉を使います。

７） It is rude/impolite to |say bad things about [criticize/badmouth] others.

➡△ To say bad things about others is rude. のようには通常言いません。

Stage 2

まず，単純な
センテンスを書く

実際に書いて、見直して、書き直すことが大切

Stage I では，センテンスを書くうえで前提となる**単語からカタマリをつくるスキル**を学びました。Stage 2では，センテンスを書く練習を始めます。最初に断っておきますが，**センテンスを書けるようになるには，実際に書いてみて，自分が書いたものを見直して，必要があったら書き直すという作業を積み上げる**必要があります。美しい英語を読んだり聞いたりして気になった表現をちょっと意識するだけで同じような英語を自分で生み出すことができるという学習者はごくまれです。

まずは「自己紹介（*About myself*）」「私の典型的な I 日（*My typical day*）」，そのうえで「今日したこと（*What I did today*）」を英文日記としてしばらく毎日書いてください。難関大学の自由英作文や英検や TOEFL，IELTS などの英語試験のライティングを目標としている人でも，ライティングに苦手意識があるのなら，ここから始めてください。「馬鹿にするな！」と思われるかもしれませんが，文法・単語・構文をそれなりに学習した人でも，ライティングの答案には次のような間違いが含まれていることが多いのです。

❶ 単数／複数形，数えられる／数えられない名詞の区別ができていない
限定詞や前置詞の誤用が目立つ ☞ Stage I
❷ **センテンスの根本的な組み立てに問題がある．意味が通じないセンテンスがある**
❸ **中学校で習うような基本動詞の使い方が間違っている**
❹ センテンス間のつながり，テキスト全体のまとまりに問題がある
☞ Stage 4 以降

 文法は理解しているのに英作文だと間違える

❶についてはすでに本書で扱いました。継続して注意を払うことによってミスの数はぐっと減ると思います。❹については Stage 4 以降で扱います。ここでは，❷❸について練習していきます。これらは文法・語法のミスには違いありませんが，漫然と文法書を通読したり，文法問題集をやっても，なかなか問題は解決しません。

それよりも**必要なポイントに注意を払って，書く練習をしながらスキルを血肉化していく練習をしたほうが効果的**です。Stage 2でその練習をしていきましょう。

✦ 覚醒POINT ✦

センテンスをつくれるようになるには
「書く」→「見直す」→「書き直す」作業が必要

Quiz **10**

次の日本語を英語にしてください。

１）ケンのことが大好き。
２）宿題は終わった。
３）リビングは妹が片付けた。
４）寿司は食べたことがない。
５）それは後でやる。
６）今日は部活のミーティングだ。
７）結果はまだわからない。
８）黒板の文字がよく見えない。
９）彼女の話が信じられなかった。
10）もっとお金がほしい。

 「は」「が」に気をつけよう

いかがですか。おそらく，１）は誰も間違えないはずです。なぜなら，ほとんど英語ができない人でも *I love you.*「あなた（のこと）が大好き」は知っていて，*you* の代わりに *Ken* を入れればいいのだと類推が働くからです。このように，**モデルとなるセンテンスが頭に入っているときはそれを真似ることで新たなセンテンスを生み出す**ことができます。しかし，**モデルにするセンテンスがない場合は，日本語の文構造に引きずられて，無理に英語を組み立ててしまう**ことがよくあります。例えば，２）で「宿題は」という日本語を見て，*My homework...* とセンテンスをつくろうと試みます。英語に相当通じていれば *do, finish* の *-ed/en* 形が「終わった」という状態を

39

表わすことを知っていて，*My homework is done/finished.* とセンテンスをつくることができますが，それができる人は少数派です。ここで学ぶべきことは「 人・モノ・コト は／が」だと思った語句でセンテンスを作ってもうまくいかないことがある，ということです。そういうときは，*I* や *we* でセンテンスをはじめると意外と簡単だということに気づくと思います。そのほかの問題についても，解答例を確認してください。おそらくそんなに難しくないと感じられるはずです。

✦ 覚醒POINT ✦

日本語の「 人・モノ・コト は／が」がうまくいかないときは，*I* や *We* でセンテンスをはじめてみる

Answers **10** 🔊))10

1) *I love Ken.*
2) *I have finished my homework.*
3) *My sister cleaned the living room.*
4) *I have not eaten sushi.*
5) *I will do it later.*
6) *We have our club meeting today.*
7) *We still don't know the results.*
8) *I can't see the letters on the blackboard.*
9) *I could not believe her story.*
10) *I want more money.*

英語を生み出す経験値が不足していると，このようなシンプルなセンテンスさえなかなか出てきません。そこで，「自己紹介」「私の普段の1日」「今日したこと」を書くことで，経験値を高めていきましょう。ただ漫然と間違ったセンテンスを書き連ねても意味がありません。この書く練習には2つの大きな目的があり，そのことを意識しながら書く作業を進めるようにしてください。

❶ 英語のセンテンスの基本原理を頭に叩き込む
❷ 日本語の類推からやりがちな典型的なミスをなくす

英語のセンテンスの基本原理は *Who Does What to Whom*

❶はセンテンスを生み出す際に，思考を英語モードに切り替えるアプローチです。「センテンスの基本構造を叩き込む」というと，大学受験用の「重要構文」「基本例文」の暗記を思い浮かべるかもしれませんが，この段階ではその必要はありません。また，お馴染みの「5文型」や「自動詞と他動詞の区別」のような与えられた英語を分析する際に使われるアプローチも，自分から英語を生み出すうえではまったくの無駄です。

Who	*Does*	*What to Whom*
話題	動作・行為	働きかける対象

センテンスを組み立てる際は ***Who Does What to Whom*** という**基本原理**を頭に置いてください。まず *Who*（表現したい内容の話題）でセンテンスを始めて，その *Who* がする動作・行為を表わす「**する系動詞**」を次の *Does* の位置に置きます。その後，*What*（働きかける対象となるモノ・コト）や *Whom*（働きかけの対象となる人）を並べます。練習しながら確認していきましょう。

Quiz 11

[　]内の語句を並べかえて，正しいセンテンスをつくってください。

1）リッチは困った人に手助けする。
Rich [in trouble / people / helps] .

2）サムは鼻でスパゲティーを食べることができる。
Sam [his nose / through / spaghetti / eat / can] .

3）その店員はドアを開けた。
The store clerk [door / opened / the] .

4）ロバートは10年ぐらい前に亡くなった。
Robert [ten / ago / died / about / years] .

5) サトシはときどき UFO や宇宙人の話をする。
   Satoshi [*UFOs and aliens / sometimes / about / talks*] .

6) ジミーはいつもレイチェルのことを見ている。
   Jimmy [*always / Rachel / at / looking / is*] .

7) その男子高校生はバスを待っていた。
   The high school boy [*for / bus / waiting / the / was*] .

8) ポーラはよく職場に昼食の弁当をもってくる。
   Paula [*office / to / often / lunch / brings / the*] .

9) ウェンディーは私に秘密を話してくれた。
   Wendy [*secret / her / me / told*] .

10) ゲイラはチャーハンにマヨネーズをつける。
   Gayla [*fried rice / mayonnaise / on / puts*] .

1) リッチは困った人に手助けする。

   Who Does What to **Whom**
   | Rich | helps | people in trouble | .

話題としている人は *Rich* ですね。動作・行為は「手助けする」です。英語では
help ですね。習慣的行為なので *help* ➡ *helps* と *Rich* に合わせて形を変えます。「手
助け」の対象は「困った人」です。

Stage 1 で学んだように，| *people* | *in trouble* と「苦境にある」というカタマリを後
ろにつけて，人を表わすカタマリをつくることができます。では，1）－10）の
答えを全部見ていきましょう。

Answers **11**   ))) 11

1) | Rich | helps | people in trouble | .
2) | Sam | can eat | spaghetti | through his nose.

42

3）　The store clerk | opened | the door .

4）　Robert | died about ten years ago.

5）　Satoshi | sometimes talks about | UFOs and aliens .

6）　Jimmy | is always looking at | Rachel .

7）　The high school boy | was waiting for | the bus .

8）　Paula | often brings | lunch | to | the office .

9）　Wendy | told | me | her secret .

10）　Gayla | puts | mayonnaise | on | fried rice .

何か気づくことはありませんか。Who Does What to Whom という原則はあるものの，〈する系動詞＋ 人 〉，〈する系動詞＋ モノ・コト 〉，〈する系動詞＋前置詞＋ モノ・コト 〉 の後になどかなり語法にはバラツキが出てきます。4）のように「する系動詞」の動作の対象を必要としないものもあります。また，9）は一応， Wendy | told | me | her secret . を〈 tell ＋ 人 ＋ モノ・コト 〉を使ったセンテンスを答えとしましたが，〈 tell ＋ モノ・コト ＋ to ＋ 人 ＋〉を使って， Wendy told | her secret | to | me . とすることも可能です。

こう書くと，「意味ないじゃん」とか「だから5文型のほうがいい」と思う人もいるかもしれませんが，これは正しくありません。Who Does What to Whom というモデルは，英語的な発想が自然に出てくるためのものです。どのような動詞を使うかは，センテンスを生み出すみなさんに自身に委ねられている以上，**各動詞の使い方を覚えていないと，文法的に正しいセンテンスは生み出せない**のです。これは，Who Does What to Whom モデルを使おうと，5文型モデルを使おうと変わりません。

でも，安心してください。動詞の使い方を覚えるのはそんなに難しくありません。ネイティヴスピーカーやバイリンガルの人が身につけたように，使いながら覚えればよいのです。❶ **Who Does What to Whom のモデルを使って，どんどん簡単なセンテンスを自分でつくってみる。**❷**使い方が気になったら確認し，間違ったら正しい使い方を頭に入れる。**この❶❷を繰り返すだけです。そのために，日常に関することを簡単な英語で表現する練習が効果的なわけです。

何千，何万とある英語の動詞の使い方を全部覚える必要はありません。**最も使われる100語程度**（この多くは *be, have, do* などあなたがすでに知っている単語です）**の使い方を覚えれば，まず困ることはありません。**他の動詞の使い方も，この100語をマスターすることで類推することができます。

そこで，本書ではCOCA（Corpus of Contemporary American English）という英語コーパスからネイティヴスピーカーが使う最頻出100動詞とその典型的な用法（必要なものは複数）を p.180 〜 p.206 にまとめてあります。使い方に迷ったら，絶えず参照してください。

 ##「 *X は Y* 」 ≠ *X is Y*

Who Does What to Whom モデルは英語のセンテンスの原理原則ですが，自分の表現したい内容にすべてアクションがあるとは限りません。その場合，動作・行為を表わす「する系動詞」ではなく，状態・状況を表わす「**である系動詞**」を使い *Who/What Is What/How* というパターンでセンテンスを組み立てる必要があります。

Who / What	*Is*	*What / How*
話題	動作・行為	描写・説明

「である系動詞」の代表は当然 *be* です。次に続く描写や説明の要素につなぐ働きのみをします。描写・説明の部分にはモノ・コト・人を表わす名詞のほか，形容詞や〈前置詞＋名詞のカタマリ〉などがきます。

Matt *is very busy these days.* マットはこのところとても忙しい。

| Tak | is | a guitarist | . タクはギタリストだ。

| Rich and Joan | are in | the park | . リッチとジョウンは公園にいる。

他の動詞も使われることがあります。*mean*「意味する」, *become / get / go*「なる」, *stay / remain / keep*「ままでいる」などです。

| Getting something | means | losing something else | .

何かを得ることは何かを失なうことを意味する。

| Charles | became | a famous writer | . チャールズは有名作家になった。

| This bread | has gone bad. このパンはだめになってしまった。

| The grocery store | stays open until midnight.

この食料品店は夜の 12 時まで開いている。

知覚を表わす *look*「見える」, *sound*「聞こえる」, *feel*「感じる」, *taste*「味がする」, *smell*「においがする」も, 「である系動詞」の使い方をします。

| Alan | looks happy. アランはうれしそうだ。

| Keiko's idea | sounds good. ケイコの考えはよさそうだ。

| This room | feels cold. この部屋は寒い。

日本語で「 X は Y 」の原理で朝から晩まで考えていると, *Who/What is What/How* は簡単に感じるかもしれません。しかし,**「 X は Y 」に全部この形を使ってセンテンスをつくろうとするとむしろ危険**です。例えば,

「今日は食事するよ」という意味を表わすつもりで

× *Today is meal.* × *Today is eat.*

といったセンテンスをつくる学習者は後をたちません。

これは *I will eat（a meal）today.* と *Who Does What to Whom* でセンテンスを作る習慣があれば避けられる誤りです。

また身近な話題を簡単な英語で表現することでセンテンスの基本原理や基本的な動詞の使い方を体に刻み込むこの段階では「センテンスを "I" で始めてはいけない」というライティング指導でよくあるアドヴァイスは気にしないでください。「お腹が痛い」は *I have a pain / I felt some pain in my stomach.* でいいのです。

My stomach aches. のような *ache*「痛む」という動詞で,「モノ・コト」で始まるカッコいいセンテンスをつくる表現力は, *Who Does What to Whom* でポンポンとセンテンスがつくれるようになってからの課題と考えてください。

45

さて，いよいよ具体的に書いてみる練習を始めます。

Writing Task 1

Write about yourself.

まずは「自己紹介」からです。迷わず，とりあえずペンを持ってどんどん書いてください。書くときは，次の❶から❹のことを意識してください。

> ❶ 可能な限り *Who Does What to Whom* を使う
> ❷ 日本語の「は」「が」は *be* ではないことを意識する
> ❸ *Who* に入れた話題が，*Does* に使った「する系動詞」の動作・行為の主体になっているか確認する
> ❹ わからない動詞の使い方は確認する

もし全然書けないというのであれば，下の質問の答えをつなぐ形で自己紹介文をつくってみましょう。

1）*What is your name?*（名前は？）

2）*Where are you originally from? Where do you live now?*
   （出身地は？　今のお住まいは？）

3）*What do you do?*（お仕事は？）

4）*What do you like? What don't you like?*
   （好きなものは？　嫌いなものは？）

5）*What club, team, or group are you in?*
   （どんな部活，グループに属していますか？）

6）*What do you like to do in your free time?*
   （趣味は？　ひまな時に何をしていますか？）

7）*How many brothers or sisters do you have? What do they do?*
   （ごきょうだいは？　何をしている人ですか？）

書き終わったら，解答例を見てください。だいたいこんなことが書けていれば OK です。見比べて表現の誤り，とくに動詞の使い方の誤りを見つけた場合はしっかり確認してください。その後，時間をあけて，同じお題でもう一度書いてみてください。内容はまったく同じでも構いません。何も見ないで一定量正しく書けていれば合格です。

Sample　　　🔊)) 12

My name is Toshikazu Shono. I am originally from Chiba. I live in Setagaya City in Tokyo now. I am a third-year high school student. I like math and chemistry. I don't like history or Japanese. I am on the soccer team. I don't go to practice very often. I like to play music instead. I am a member of a rock band. I play the guitar. I have two sisters. My older sister lives alone. She works at a travel agency in Hiroshima. She seems busy. My younger sister goes to high school. She is in the dance club. She often practices dancing in her room. I don't want her to make noise.

庄野寿一といいます。出身は千葉です。今は東京の世田谷区に住んでいます。高校3年生です。好きな教科は数学と化学です。嫌いな教科は歴史と国語です。サッカー部ですが，練習にはあまり行きません。代わりに音楽をやっています。ロックバンドのメンバーです。ギター担当です。きょうだいは2人女のきょうだいがいます。姉は1人暮らしをしています。広島にある旅行代理店で働いています。忙しそうです。妹は高校生です。ダンス部です。よく部屋でダンスを練習しています。音をたてるのはやめてほしいです。

Writing Task　2

次のトピックについて，100 語から 150 語ぐらいで書いてください。
Your Typical Day

今回はヒントになる英語の質問はつけません。まずは思いつくままに書いてみて，その後，以下の❶から❹をもう一度確認するようにしてください。

❶　可能な限り *Who Does What to Whom* を使う
❷　日本語の「は」「が」は *be* ではないことを意識する
❸　*Who* に入れた話題が，*Does* に使った「する系動詞」の動作・行為の主体になっているか確認する
❹　わからない動詞の使い方は確認する

とはいえ，自分の間違いを自分で見つけて訂正するのは難しいものです。そこで，間違いを含んだテキストを訂正する練習から始めてみましょう。

次のテキストはある高校生が自分の1日について英語で書いたものですが,
不自然な表現・文法的な誤りがたくさん含まれています。下の日本語の意味
になるように訂正してください。

My Typical Day

[1]*To get up is around 7 o'clock.* [2]*Breakfast eats some pancakes, eggs, and coffee.* [3]*I start home at 7:45.* [4]*Commute to school is by bike.* [5]*Arrive at school is before 8:15.* [6]*Classes are six from 9:00 to 3:30.* [7]*After school is no club.* [8]*Astronomy club is retired last fall.* [9]*Monday and Thursday is albeit at a convenience store from 5 to 9 on Monday and Thursday.* [10]*Tuesday and Friday is a cram school.* [11]*At home is study more than one hour.* [12]*To sleep is around 11.*

[13]*Weekends is basically at home studying for college entrance exams.* [14]*I sometimes go to shopping with my friends.* [15]*Before is coffee with my boyfriend every weekend.* [16]*He does not like to meet me.* [17]*Maybe he is busy.* [18]*Maybe he is not interesting me.*

私の普段の1日

起きるのはだいたい7時です。朝食はたいがいホットケーキと卵とコーヒー
を食べます。7時45分に家を出ます。通学は自転車です。学校に着くのは8
時15分よりは前です。授業は9時から3時半まで6コマあります。放課後は
部活はありません。天文部は去年の秋に引退しました。月曜日と木曜日は5
時から9時までコンビニでバイトです。火曜日と金曜日は塾です。家では1
時間以上は勉強します。寝るのは11時ごろです。

週末は基本家で受験勉強をしています。ときどき友達と買い物に行きます。
以前は毎週末は彼氏とお茶をしていました。でも,彼氏はこのところ私に会
いたがりません。単に忙しいからかもしれないし,もう私に興味がないのか
もしれません。

さすがに最初から最後までここまでの頻度でミスをする学習者はそれほど多くは
ありませんが,ライティング課題を与えられて,このようなセンテンスを書く学習
者は中学生から社会人まで少なくありません。そして,その人たちに「どうしてそ
のようなセンテンスを書くのか」を尋ねると「『英語は *I* や *You* や *We* で始めるな』

と英語の先生に言われました」「モノ・コトを主語にしたセンテンスを書くと英語らしくなる，と習いました」「読み手を退屈させないようさまざまな文構造を使うようにしなさい，と言われました」という答えがよく返ってきました。もう1度書きますが，この類のアドヴァイスは上級者向けであり，基本原理である *Who Does What to Whom* を体得していない学習者には有害無益です。まずは，

❶ 可能な限り *Who Does What to Whom* を使う
❷ 日本語の「は」「が」は *be* ではないことを意識する
❸ *Who* に入れた話者が，*Does* に使った「する系動詞」の動作・行為の主体になっているか確認する
❹ わからない動詞の使い方は確認する

を頭に置いて，単純なセンテンスを書く練習を重ねてください。

Sample Answer 12 　　　　　　　　　　🔊))13

My Typical Day

❶*I get up around 7 o'clock.* ❷*I usually eat some pancakes, eggs, and coffee for breakfast.* ❸*I leave home at 7:45.* ❹*I go to school by bike.*
❺*I arrive at school before 8:15.* ❻*I have six classes between 9:00 and 3:30.* ❼*I don't have any club activities after school.* ❽*I quit the astronomy club last fall.* ❾*I work at a convenience store from 5 to 9 on Monday and Thursday.* ❿*I go to a cram school on Tuesdays and Fridays.* ⑪*I study more than one hour at home.* ⑫*I go to bed around 11.*
⑬*On weekends, I basically stay home to study for college entrance exams.* ⑭*I sometimes go shopping with friends.* ⑮*I used to have coffee with my boyfriend every weekend.* ⑯*He does not like to see me these days, though.* ⑰*He might just be busy.* ⑱*He might not love me anymore.*

さて，「自己紹介」「私の普段の1日」が問題なく書けるようになったら，毎日英語で日記をつけてみてください。負担が大きいと続かなくなるので，その日にしたこと／起きたことについて5つくらいセンテンスを書けば十分です。日記では動詞は過去形の使用が多くなりますが，その他は同じように，上の❶から❹を意識してください。

では，間違いを訂正する練習をもうひとつやっておきましょう。

次の日記には文法・語法・表現の間違いがあります。訂正してください。

Test was end. Math and history could not. Mistakes were a lot of. I thought to study more next time. Then today studied English at night.

テストが終わった。数学と歴史はできなかった。間違いがたくさんあった。次はもっと勉強しようと思った。それで，今日は夜英語を勉強した。

Answers **13**

Test ➡ *The tests*：中間テスト（*Midterm tests*）や期末テスト（*Final tests*）のようなテスト期間を指しているので，複数形かつ *the* が必要。

was end ➡ *ended / was finished / was over*：*end* は動詞なので *was* は不要。

Mistakes were a lot of.：*mistakes* をした *I* で，「間違いをする」は *make mistakes* を踏まえて書き直しが必要。

I thought to study.... *think* は *think that...*「…だと思う」/ *think of / about* モノ・コト 「モノ・コトを／について考える」について考えるという使い方をする。*I thought (that) I would have/need to study more...* としてもよいが，日記を書いている時点で「もっと勉強しないと」と思っているなら，単に *I (will) have to study more...* で OK。

today studied：「勉強した」の動作の主体は「今日」ではなく「私」。

Sample 🔊))14

The tests were over. I could not do well in math and history. I made a lot of mistakes. I will have to study more for the next tests. Because of that, I studied English tonight.

上のサンプルのように，シンプルな英語でいいので気負わず，しばらくの間毎日日記をつけてみてください。

では最後に，大学入試問題を解いてみましょう。この Stage で学んだことを応用すれば，正解することができます。

Give It a Try! ■1

> **（　）に入る最も適当なものを，AからDの中から1つずつ選びなさい。**
>
> 1）This street will（　　）you to the railroad station.
> 　　A. make　　B. travel　　C. take　　D. go
> （亜細亜大学）
>
> 2）You can see large stones（　　）right in front of you at Stonehenge.
> 　　A. are standing　　B. stands　　C. standing　　D. stood
> （亜細亜大学）
>
> 3）His book is interesting and easy to read. It（　　）me only two hours to finish.
> 　　A. needed　　B. passed　　C. spent　　D. took
> （東京家政大学）
>
> 4）The boy was busy reading a book and didn't（　　）his head, though the teacher addressed him many times.
> 　　A. poke　　B. pull　　C. raise　　D. rise
> （東京家政大学）
>
> 5）The president's speech（　　）for fifteen minutes.
> 　　A. last　　B. has last　　C. lasted　　D. leasted
> （日本大学・芸術）
>
> 6）Many of the problems before us still（　　）unsolved.
> 　　A. become　　B. remain　　C. be　　D. get
> （産業能率大学）
>
> 7）I've been living in Paris for three years, but I'm not able to（　　）understood in French yet.
> 　　A. speak to　　B. take me　　C. make myself　　D. make anyone
> （日本大学・芸術）

1) 解答：C. This street will **take** you to the railroad station. 「この通りを行くと鉄道の駅に着きます」

2) 解答：C. You can see large stones **standing** right in front of you at Stonehenge. 「ストーンヘンジでは目の前に大きな石が立ちそびえているのを見ることができる」

3) 解答：D. His book is interesting and easy to read. It **took** me only two hours to finish. 「彼の本は面白くて読みやすい。読み終えるのに 2 時間しかかからなかった」

4) 解答：C. The boy was busy reading a book and didn't **raise** his head, though the teacher addressed him many times. 「その少年は本を読むのに忙しくて，先生が何度も彼に呼びかけたのに，頭を上げなかった」

5) 解答：C. The president's speech **lasted** for fifteen minutes. 「社長／大統領のスピーチは 15 分続いた」

6) 解答：B. Many of the problems before us still **remain** unsolved. 「私たちの目の前の問題の多くは，まだ未解決のままだ」

7) 解答：C. I've been living in Paris for three years, but I'm not able to **make myself** understood in French yet. 「私はパリに 3 年住んでいるが，いまだにフランス語で自己表現ができない」

Give It a Try! 2

もっとも不適切な語句をAからDの中から1つずつ選び，正しい形にしなさい。

(日本大学・芸術)

1) He was <u>once</u> <u>consider</u> to be one of the most brilliant and
　　　　　　A　　　B
   talented <u>writers</u> <u>of his generation</u>.
　　　　　　C　　　　D

2）They have <u>already</u> finished <u>to write</u> their report <u>on</u> their first
    _A   _B   _C
event <u>held in</u> Tokyo.
     _D

3）We discussed <u>to start</u> <u>a</u> new project, <u>illuminating</u> new
           _A _B   _C
movements <u>in</u> contemporary art.
        _D

4）I <u>am knowing</u> him for a long time and I <u>am certain</u> <u>that</u> he is
   _A   _B   _C
not <u>lying</u>.
    _D

5）I <u>will be promise</u> I <u>won't</u> tell <u>anyone</u> your secret. This is
   _A   _B   _C
between you and <u>me</u>.
         _D

6）We <u>don't</u> know <u>if</u> our concert <u>will</u> be a great <u>succeed</u> tomorrow.
    _A   _B   _C   _D

7）The secretary <u>handed</u> some urgent mail <u>to</u> her boss, but he just
          _A   _B
left <u>them</u> <u>on</u> his desk and went out.
    _C _D

8）<u>When</u> I was very young, my <u>older</u> brother <u>helped</u> me <u>gained</u> IT
  _A   _B   _C   _D
skills.

各空欄に語または句をもっとも適切な順序で並べて，それぞれの日本語の意味を表わす英語にしなさい。ただし，文頭にくるべき語も小文字になっている。

（帝京大学）

9）父さんが私に自転車を買ってくれた。
   ☐1 ☐2 ☐3 ☐4 ☐5 ☐6 me.
   A. a   B. bike   C. bought   D. dad   E. for   F. my

10）これは，その問題に対する唯一の解答であるようです。
   This ☐1 ☐2 ☐3 ☐4 ☐5 ☐6 solution to the problem.
   A. be   B. only   C. possible   D. seems   E. the   F. to

１）解答：B　consider → considered

He was once considered to be one of the most brilliant and talented writers of his generation. 「彼はかつて同世代の作家たちのなかで最もすばらしく才能がある者のひとりと考えられていた」

➡ consider を受け身を表わす -ed/en 形に変えます。

２）解答：B　to write → writing

They have already finished writing their report on their first event held in Tokyo. 「彼らは東京で開かれた最初の行事に関する報告書をすでに書き終えていた」

➡ finish -ing「…し終える」

３）解答：A　to start → starting

We discussed starting a new project, illuminating new movements in contemporary art. 「私たちは現代美術における新しい動きを解明する中で新しいプロジェクトを立ち上げることを話し合った」

➡ discuss -ing「…することを話し合う」

４）解答：A　am knowing → have known

I have known him for a long time and I am certain that he is not lying. 「私は彼のことを長いこと知っているので，彼が嘘をついていないと確信している」

➡ know はそのまま（原形）で状態を表わし，× be knowing の形にはしません。

５）解答：A　will be promise → will promise

I will promise I won't tell anyone your secret. This is between you and me. 「君の秘密は誰にも言わないと約束する。これは君とぼくとの間だけのことだ」

➡ promise「約束する」が動詞なので be は不要。

６）解答：D　succeed → success

We don't know if our concert will be a great success tomorrow. 「私たちのコンサートが明日大成功するかはわからない」

➡ succeed は動詞。

7）解答：C　them → it

The secretary handed some urgent mail to her boss, but he just left it on his desk and went out. 「秘書は上司に緊急の郵便を手渡したが，彼は自分の机の上にそれをおいて出て行った」

→ some urgent mail を受けるのは it。

8）解答：D　gained → gain

When I was very young, my older brother helped me gain IT skills. 「若い頃，兄は私が IT スキルを身につけるのを手伝った」

→ help 人 do「人が…するのを手伝う」

9）解答：1.F.－2.D.－3.C.－4.A.－5.B.－6.E.

My dad bought a bike for me.

10）解答：1.D.－2.F.－3.A.－4.E.－5.B.－6.C.

This seems to be the only possible solution to the problem.

Give It a Try!　3

次の(1)～(10)の空欄に以下の語群から適切な動詞を選び，必要があれば正しい形にしてテキストを完成させなさい。ただし，各語は1度しか用いることができません。

（産業能率大学）

語群：be / become / give / look / make / explore / return / see / start / use

Cities are usually full of people and traffic. Sometimes, traffic （　1　） it difficult for people to get around. However, bike-share systems （　2　） people a different way to commute. In a bike-share system, people pay to use a bike for a short time. It's convenient because they can get a bike from any bike station in the city. They then （　3　） it at another bike station.

These bike-share systems are very easy to （　4　）. People can use an application on their smartphones to （　5　） for bikes and to pay for them. They can also （　6　） where the bike stations are, and the number of parking spaces available. Biking is a cheap and fun way of (7) the city. It's healthy and environmentally friendly, too.

Bike sharing is not new. It (8) in Europe in about 1965. Some of the biggest bike-share systems are Wuhan Public Bicycle in China and Vélib in Paris. But bike sharing is (9) more popular now. In 2013, there (10) more than 500 bike-share systems in 49 different countries. There are now almost a million bikes in bike-share systems worldwide — 400,000 of them in China alone.

In the future, bike sharing may be a solution to traffic problems in many cities.

Answers 3

解答：(1) makes　(2) give　(3) return　(4) use　(5) look　(6) see
　　　　(7) exploring　(8) started　(9) becoming　(10) were

日本語訳

　街は人々と彼らの行き来であふれている。ときどき，交通は人々が移動するのを難しくさせる。しかしながら，自転車共有システムは人々に別の交通手段を与える。自転車共有システムでは，人々は短時間自転車を使うためにお金を支払う。市内のどの自転車設置場所からでも自転車を借りられるので便利である。後で，別の自転車設置場所に自転車を返すことができる。

　これらの自転車共有システムは使いやすい。スマートフォンのアプリを使って自転車を探し，支払いをすることができる。また，どこに設置場所があるか，駐輪場の空きがどれだけあるかを見ることができる。自転車は市内を探索するのに安価で楽しい方法である。健康的で環境にもやさしい。

　自転車の共有は新しい概念ではない。それは1965年ごろにヨーロッパで始まった。最大の自転車共有システムは中国の武漢公共自転車とパリのヴェリブである。しかし，自転車共有は現在より人気がある。2013年には49カ国に500以上の自転車共有システムがあった。現在では，自転車共有システムに100万台の自転車がある—中国だけでうち40万を占める。

　将来的には，自転車共有が多くの都市での交通問題の解決策になるかもしれない。

Stage 3

2つのセンテンスを
つなげて1つにする

シンプルな表現がいちばん良いのだが…。

Stage 2 では，単純なセンテンスを使った表現方法を学びました。**相手に伝えるためにはシンプルな表現のほうがよい**ので，無理に難しい文構造を使って表現する必要はありません。しかし，無理に単純化しようとすると誤解を生じさせてしまうこともあるでしょう。Stage 3 では，ある程度複雑な内容を表現するために，2つのセンテンスをつなげて1つにする方法を学びます。

 ## FANBOYS 接続詞

最も簡単なのは *FANBOYS* 接続詞です。*FANBOYS* とは，下の7つの接続詞の頭文字をつないだものです。これらの使い方は単純明快で，**センテンスとセンテンスの間に挟むだけ**です。文法書では「等位接続詞」と呼ばれますが，こんな文法用語は覚えなくて構いません。アメリカの小学校に通う子どもは *FANBOYS* と覚えるし，みなさんもそう覚えたほうがずっと効率的です。文法用語よりも，まず7つの *FANBOYS* 接続詞の意味と機能を覚えてください。

> *for*　「というのは」(根拠を表わす：かなり形式的)
> *and*　「そして；と」(2つの内容をつなげる)
> *nor*　「〜もないし，〜もない」(双方の選択の否定を表わす)
> *but*　「しかし」(対照・対比・差異を表わす)
> *or*　「あるいは；か；そうでなければ」(選択を表わす)
> *yet*　「けれども」(対比・対照を表わす；butより形式的)
> *so*　「だから」(結論を導く；やや口語的)

Who	Does	What to Whom	**for**	Who	Does	What to Whom
Who / What	Is	What / How '	**and**	Who / What	Is	What / How
			nor			
			but			
			or			
			yet			
			so			

ではさっそく，２つのセンテンスをつなげる練習をしていきましょう。

Quiz **14**

　　　　部分に入る適切なものを[　]内から正しい表現を選び，１）－７）のセンテンスを完成させてください。

１）*Jenny got angry with us, so* ＿＿＿＿＿＿＿.
２）*Andrew likes to play with animals, and* ＿＿＿＿＿＿＿.
３）*Brian could work with Jessica, or* ＿＿＿＿＿＿＿.
４）*Catherine is extremely smart, but* ＿＿＿＿＿＿＿.
５）*Karen refuses to see Steve, nor* ＿＿＿＿＿＿＿.
６）*Roger's idea seemed crazy, yet* ＿＿＿＿＿＿＿.
７）*People in Tennessee love to watch Tak, for* ＿＿＿＿＿＿＿.

[*he plays the guitar beautifully / she left / he was absolutely right /*
will she work with him /she sometimes makes very stupid mistakes /
he wants to open a zoo someday / he could do everything alone]

１）*Jenny got angry with us, **so** she left.*
ジェニーはぼくらに対して怒りだして，行ってしまった。

２）*Andrew likes to play with animals, **and** he wants to open a zoo someday.*
アンドリューは動物と遊ぶのが好きなので，いつか動物園を開園したいと思っている。

３）*Brian could work with Jessica, **or** he could do everything alone.*
ブライアンはジェシカと組んでやるかもれないし，全部一人でやるかもしれない。

４）*Catherine is extremely smart, **but** she sometimes makes very stupid mistakes.*
キャサリンはものすごく頭が良いが，ときどきものすごく馬鹿げたミスをする。

５）*Karen refuses to see Steve, **nor** will she work with him.*
カレンはスティーヴと会いたくないと言っているし，ましてや彼と組んで働くことはしないだろう。

６）*Roger's idea seemed crazy, **yet** he was absolutely right.*
ロジャーの考えはおかしいように思えたが，彼は完全に正しかった。

７）*People in Tennessee love to watch Tak, **for** he plays the guitar beautifully.*
テネシーの人がタクを見たいのは，彼のギター捌きは美しいからだ。

FANBOYS 接続詞すべてを取り上げましたが，自分で**書くときに使うのは *and, but, so, or* だけでよい**でしょう。ただし，*nor, yet, for* も大学入試の長文や英字新聞などではバシバシ出てくるので，知っていて損はありません。

ON A WHITE BUS — かかってつなぐ接続詞

FANBOYS 接続詞より数が多く，ちょっとだけ複雑なのが**「かかってつなぐ接続詞」**です。文法的には「従属接続詞」と呼びますが，ぼくは「従属」ということばの意味がよくわからないので「かかってつなぐ接続詞」と呼んでいます。**接続詞に続くセンテンスがもう一方のセンテンスにかかって意味をつけ加える働きをする**からです。具体的には，*once*（いったん〜すると，〜），*only if*（〜という場合のみ，〜），*now that*（今や〜なので，〜），*after*（〜後，〜），*although*（〜だが，〜）などです。英語圏では，これらの「かかってつなぐ接続詞」の頭文字をとって「ON A WHITE BUS」とまとめることが多いです（「ON A WHITE BUS」に含まれる「かかってつなぐ接続詞」の一覧は p.175 〜 p.179 を参照してください。できるだけ多くをリストアップしましたので，適宜参照してください）。

✦ 覚醒POINT ✦

「従属接続詞」「副詞節」「形容詞節」「関係代名詞」「関係副詞」などの文法用語に惑わされずに，ON A WHITE BUS のリストの語句の使い方をひとつひとつ使いながら覚える

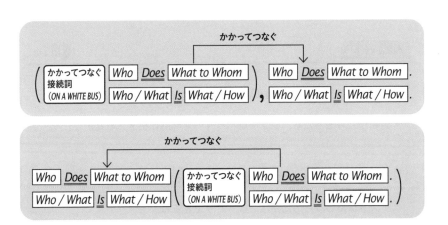

ここでは，かかってつなぐ接続詞の機能を理解するため，簡単な練習問題をやっておきましょう。

_____部分に入る適切なものを [ ]内から選び, 1)－10)のセンテンスを完成させてください。

1) _____ his parents had left, Joe let Hailey into his room.
2) _____ the tests are over, you can relax.
3) Wayne does not have many friends _____ he is a very nice person.
4) My parents met each other _____ they were in high school.
5) _____ I had studied harder, I would have passed the exam.
6) Jim kept eating _____ he was full.
7) _____ you studied harder, you would not have passed the exam.
8) Rob was late _____ he missed the train.
9) Tom will be fired _____ he really changes his behavior.
10) Ten years have passed _____ we started living in this town.

[although / when / because / since / unless / till / if / even if / now that / once]

Answers **15**   🔊))16

1) (**Once** his parents had left), Joe let Hailey into his room.

両親が立ち去ったら, ジョーはヘイリーを部屋に招き入れた。

2) (**Now that** the tests are over), you can relax.

テストは終わったのだから, ゆっくりできるね。

62

3) *Wayne does not have many friends* (**although** *he is a very nice person*).

ウェインはとてもいい人だが，それほどたくさんの友達はいない。

4) *My parents met each other* (**when** *they were in high school*).

私の両親は高校のときに出会った。

5) (**If** *I had studied harder*), *I would have passed the exam.*

もっと力を入れて勉強していたら，試験に受かっていただろう。

6) *Jim kept eating* (**till** *he was full*).

ジムはお腹がいっぱいになるまで食べ続けた。

7) (**Even if** *you studied harder*), *you would not pass the exam.*

たとえもっと力を入れて勉強しても，君はその試験には合格しないよ。

8) *Rob was late* (**because** *he missed the train*).

ロブは電車に乗り遅れたため遅刻した。

9) *Tom will be fired* (**unless** *he really changes his behavior*).

トムは自分の行ないを改めない限り，クビになるだろう。

10) *Ten years have passed* (**since** *we started living in this town*).

私たちがこの街に住み始めてから，10年が経過した。

that, if, whether... の用法

ON A WHITE BUS には FANBOYS 接続詞を除いた 2 つのセンテンスから 1 つのセンテンスにするほぼすべての語句を拾い上げているので,「かかってつなぐ接続詞」とは少し違ったタイプの語句が含まれています。
その中でまず絶対に押さえたいのは **〈話す・思う系の動詞＋ that ＋センテンス〉**です。

think (思う), *know* (知っている), *see* (わかる), *find* (気づく), *tell* (話す；わかる), *feel* (感じる), *mean* (意味する), *hear* (聞く), *believe* (信じる), *learn* (学ぶ), *understand* (理解する), *expect* (予期する) など話す・思う系の動詞 (ここに挙げたものはすべて最頻出動詞 100 に含まれます) は発言・考えたことの中身を表わす〈that ＋センテンス〉を後ろに置くことができます。この that は省略されることがあります。*I think* (*that*) ～「私は～だと思う」の形はほとんどの人が一応知っていると思いますので，違う動詞の例を見てみましょう。

Dan knows | **that** *Nick is lying* | .
ダンはニックが嘘をついていることを知っている。
The young man told the police | **that** *he saw some friends at a Chinese restaurant on Friday* | .
その若い男は，警察に金曜日は中華料理屋で友達何人かに会ったと話した。

さらに, *that* の **〈限定詞＋名詞＋ is ＋ that ＋センテンス〉**という形もライティングでは非常に有効です。限定詞はほとんど *the* ですが, *one, another* なども使われることがあります。名詞は抽象的なコトを表わす *problem* (問題), *fact* (事実), *truth* (真実), *point* (大事な点), *trouble* (悩み), *reason* (理由) などです。

The problem is | **that** *nobody in our office has enough skills to use that latest machine* | .
問題は職場の誰もその最新の機械を使いこなすのに十分な技術を持ち合わせていないことだ。
One reason is | **that** *tourism can create jobs in remote areas* | .
1 つの理由に観光業は過疎地域に雇用を生むということがある。

さらに，《コト＋ *that* ＋センテンス》の形を知っていると表現の幅が広がります。この コト として使われる単語には *news*（知らせ），*fact*（事実），*decision*（決断；決定），*result*（結果），*idea*（考え），*opinion*（意見），*belief*（信念），*impression*（印象），*possibility*（可能性），*conclusion*（結論）などがあります。

The pop idol shared the news **that** she got married to her longtime boyfriend .
そのアイドルは長年付き合っていた恋人と結婚した事実を明かした。

Sherlock got the impression **that** the girl was telling the truth .
シャーロックはその少女は真実を話しているという印象を抱いた。

《*be* ＋感情を表わす形容詞＋ *that* ＋センテンス》というものもあります。これも口語では that が省略されることがあります。

I am sorry you didn't like the event .
君がこの催しを気に入らなかったとは気の毒だ。

I am glad **that** a lot of people could come today .
今日はたくさんの人が来てくれてうれしい。

Chloe is angry **that** her parents would not let her travel with her close friends .
クロエは両親が親しい友達との旅行を許してくれなくて怒っている。

最後に，《 *if / whether* ＋センテンス》で「〜かどうか」を表わす用法を押さえましょう。*ask*（尋ねる），*know*（知っている），*see*（わかる），*check*（確かめる），*doubt*（疑う），*wonder*（思いめぐらす），*care*（気にする），*be sure*（確信している）などの後ろで使われます。

Joe does not know **if** his girlfriend really loves him .
ジョーは自分の彼女が彼のことを本当に愛しているのかわからない。

I am not sure **whether** the rumor is true or not .
そのうわさが本当かどうか確信がない。

ここまで学習したことを復習する意味で，少し練習してみましょう。

日本語の意味に合うように，［　］内の語を並べかえて，1）－10)を正しいセン
テンスにしてください。

1）ペギーが本当に怒っていることは誰にでもわかる。
[*see / can / that / everybody / really / angry / Peggy / is*]．

2）ベスはジャックが自分のカメラを盗んだと気づいた。
[*that / her camera / Beth / took / found / Jack*]．

3）トオルは母親が自分に大阪に帰ってきてほしいのだと感じた。
[*Osaka / come back / Toru / him / mother / felt / his / wanted / to / to / that*]．

4）実は店長は私の姉とつきあっている。
[*the / that / the / my / older / sister / fact / store manager / is / is / seeing*]．

5）上司が我々の計画を受け入れてくれるか確証がない。
We are [*whether / accept / sure / boss / plan / our / our / not / will*]．

6）ジュリエットはロミオに本当に自分と結婚したいのか尋ねた。
[*really / Romeo / marry / Juliet / her / asked / to / he / if / wanted*]．

7）テクノロジーが人々を幸せにするという考えには同意しない。
[*I / that / the / technology / people / happy / makes / idea / support / don't*]．

8）サッカー部の誰かがそのお金を盗んだ可能性がある。
[*soccer team / there / a / possibility / is / somebody / the / money / stole / that / the / on*]．

9）その容疑者は自分には完全なアリバイがあると言っている。
[*has / says / she / the / a / perfect alibi / suspect / that*]．

10)メグはケビンがそのパーティーに来ていないことにがっかりした。
[*that / Meg / Kevin / the / not / at / party / disappointed / was / was*]．

Answers **16**

１）*Everybody can see that Peggy is really angry.*

２）*Beth found that Jack took her camera.*

３）*Toru felt that his mother wanted him to come back to Osaka.*

４）*The fact is that the store manager is seeing my older sister.*

５）*We are not sure whether our boss will accept our plan.*

６）*Juliet asked Romeo if he really wanted to marry her.*

７）*I don't support the idea that technology makes people happy.*

８）*There is a possibility that somebody on the soccer team stole the money.*

９）*The suspect says that she has a perfect alibi.*

10）*Meg was disappointed that Kevin was not at the party.*

 まずはセンテンスから名詞のカタマリをつくろう

*My older sister works for a company **that** makes cotton swabs.*
姉は綿棒をつくる会社で働いている。

*Back to the Future, **which** Robert Zemeckis directed in the 1980s, is still popular in Japan.*
『バック・トゥ・ザ・フューチャー』はロバート・ゼメキスが 1980 年代に監督した作品だが，日本ではいまだに人気がある。

*People **who** learn from their mistakes can grow fast.*
自分の過ちから学ぶ人間は成長が早い。

*Lauren asked Jim **what** happened between him and Ricky.*
ローレンはジムにリッキーとの間に何があったのか尋ねた。

「英語の何が難しいですか」と尋ねると，「関係（代名）詞」と答える学習者はたくさんいます。上の４つのセンテンス中の太字の部分が関係（代名）詞です。*that, which, who, what...* などを使ってセンテンスの中にセンテンスを埋め込むのが難し

いのですが，みんな「関係代名詞」という文法用語を知っていることにびっくりします。英語では関係代名詞は *relative pronoun* と言いますが，アメリカ人の国語教師でもこの用語を知らない人はたくさんいます。巻末の *ON A WHITE BUS* のリストを見ていただければ気づくと思いますが，ここにはかかってつなぐ接続詞だけでなくて，*that, which, who, where, whether* などが入っています。彼らからすれば，センテンスとセンテンスをつなぐので同じ**接続語句**（*connector*）と考えているのでしょう。

もちろん，英語を外国語として学ぶ私たちが，母国語として学んでいるアメリカ人と同じ考え方をする必要はありません。しかし，「関係代名詞」という用語はいったん忘れて，<mark>センテンスから名詞のカタマリに移行していくプロセスに注意を向けたほうがわかりやすい</mark>と思います。例を挙げましょう。

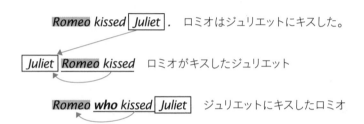

Romeo kissed Juliet .	ロミオはジュリエットにキスした。
Juliet *Romeo kissed*	ロミオがキスしたジュリエット
Romeo **who** *kissed* Juliet	ジュリエットにキスしたロミオ

Romeo kissed Juliet. というセンテンスがあり，いちばん最後の *Juliet* を頭に移動すると，*Romeo kissed* は *Juliet* を描写・説明する形容詞の役割に変わります。これだけです。*Juliet whom Romeo kissed* / *Juliet who Romeo kissed* とも言えますが，むしろ何もつけないのがいちばん自然です。

では，「ジュリエットにキスしたロミオ」と言いたい場合はどうでしょうか，*Romeo* はすでにいちばん前にきています。*kissed Juliet* を *Romeo* にかかる説明にするには *who* が必要です。*Romeo who kissed Juliet* がいちばんですが，*Romeo that kissed Juliet* でも構いません。

Quiz **17**

A－Fのセンテンスをヒントに，1)－10)の日本語を英語にしてください。

A : *The great detective solved the mystery.*
B : *The man goes to the gym.*

C：*A murder occurred in Paris 30 years ago.*
D：*The doctor is going to marry the woman.*
E：*People often lie.*
F：*A company makes cotton swabs.*

１）名探偵が解いた謎
２）その謎を解いた名探偵
３）ジムに通う男
４）その男が通うジム
５）30年前にパリで起こった殺人
６）その医者が結婚する予定の女性
７）その女性と結婚する予定の医者
８）よく嘘をつく人々
９）綿棒をつくる会社
10）ある会社がつくる綿棒

Answers **17**　))18

１）*the mystery（that/which）the great detective solved*
２）*the great detective that/who solved the mystery*
３）*the man who/that goes to the gym*
４）*the gym（that/which）the man goes to*
５）*a murder that/which occurred in Paris 30 years ago*
６）*the woman（who/whom/that）the doctor is going to marry*
７）*the doctor who/that is going to marry the woman*
８）*people who/that often lie*
９）*a company that/which makes cotton swabs*
10）*cotton swabs（that/which）a company makes*

このようにしてつくった名詞のカタマリを使ってセンテンスをつくるのは，案外簡単です。

日本語の意味に合うように，[　]内の語句を並べかえて，正しいセンテンスをつくってください。

１）名探偵が解いたその謎は来年出版物になります。
[be / the great detective / solved / the mystery / next year / published / will].

２）その謎を解いた名探偵は私の友人だ。
[the mystery / solved / the great detective / that / a friend of mine / is].

３）ジム通いの男はアパートの隣に住んでいる。
[who / gym / goes / the man / to / the / my apartment / next to / lives].

４）その男が通うジムはボディービルダーの間で人気だ。
[the man / goes / the gym / to / popular / bodybuilders / among / is].

５）サリーは 30 年前にパリで起きた殺人を研究している。
[occurred / Sally / 30 years ago / is / about / that / in Paris / a murder / studying].

６）その医者が結婚する予定の女性は駅の近くにあるパン屋で働いている。
[at / the doctor / marry / the woman / is / a bakery / working / the station / is going to / near].

７）街の大多数の人はあの女性と結婚する医者について否定的な印象を抱いている。
[a / who / marry / in town / negative / people / most /about / the doctor / is going to / impression / the woman / have].

８）私たちはしょっちゅう嘘をつく人間は信頼できない。
[lie / can't / people / trust / we / who / often].

9）ある会社がつくる綿棒が世界を制覇しつつある。

[the world / makes / cotton swabs / that / are / conquering / a company].

10）姉は綿棒をつくる会社で働いている。

[company / cotton / my / makes / works / a / older / that / sister / swabs / for].

Answers 18

19

1）| The mystery the great detective solved | will be published next year.

2）| The great detective that solved the mystery | is a friend of mine.

3）| The man who goes to the gym | lives next to my apartment.

4）| The gym the man goes to | is popular among bodybuilders.

5）Sally is studying about | a murder that occurred in Paris 30 years ago |.

6）| The woman the doctor is going to marry | is working at a bakery near the station.

7）Most people in town have a negative impression about | the doctor who is going to marry the woman |.

8）We can't trust | people who often lie |.

9）| Cotton swabs that a company makes | are conquering the world.

10）My older sister works for | a company that makes cotton swabs |.

✦ 覚醒POINT ✦

FANBOYS と ON A WHITE BUS の使い方に習熟する

Coffee Break

2つのセンテンスを1つのセンテンスにする方法は身につけておく必要はありますが，多用は禁物です。

例えば，

△ *I have a younger sister who is good at cooking.*

　　私には料理が得意な妹がいる。

のようなセンテンスを文法の練習問題でよく目にしますが，ここでこの文構造を使う必要があるのかというと，若干疑問があります。

自分に妹がいることを初出の情報として相手に伝え，どんな人なのかを述べたいならば，

I have a sister. She is good at cooking.

と言えばよいからです。

相手が自分に妹がいることを知っていれば

My sister is good at cooking.

と言うのが普通ではないでしょうか。

We can't trust people who often lie. の場合，これを

△ *Some people often lie. We can't trust them.*

　　嘘をつく人もいる。彼らは信用できない。

△ *We can't trust some people. They lie.*

　　信用できない人たちがいる。彼らは嘘をつく。

と分けると，ニュアンスが少し変わってしまいます。この場合は，この形を使う必然性が高いと言えるでしょう。

このタイプの文構造に限らず，ある形・表現を使うことで相手にどのような効果を与えるかを意識することが大事です。

では最後に，大学入試問題を解いてみましょう。この Stage で学んだことを応用すれば，正解することができます。

Give It a Try! **1**

各空欄に当てはまる語句として最も適切なものを選びなさい。

1）I remember I was very happy when Santa Claus brought me
（　　）I had asked for.
A. that 　 B. what 　 C. which 　 D. whose
(産業能率大学)

2）（　　）this is your first visit or one of many, we hope you enjoy
the beautiful landscapes.
A. Whether 　 B. Neither 　 C. Which 　 D. When
(芝浦工業大学)

3）If he had lived one day longer, he（　　）one hundred years
old.
A. would have become 　 B. becomes 　 C. has had become
D. will became
(亜細亜大学)

4）If I had a good camera, I（　　）beautiful photographs.
A. can take 　 B. could take 　 C. can be taking
D. could have been taken
(東洋大学)

5）I will give him a key（　　）he can get in any time.
A. so that 　 B. such that 　 C. before that 　 D. about that
(東洋大学)

6）Let's meet at the cafeteria（　　）it is convenient.
A. whoever 　 B. whenever 　 C. whatever 　 D. whichever
(東洋大学)

7）We went for a walk（　　）it was raining.
A. although 　 B. even 　 C. however 　 D. despite
(亜細亜大学)

8) When I ( ) to the station, I'll give you a call.
A. get　　B. got　　C. will get　　D. am getting

（亜細亜大学）

9) The actor has to lose some weight before the next performance, ( ) he will be playing the role of a boxer.
A. but　　B. nor　　C. for　　D. so

（亜細亜大学）

10) We will be able to pay the debt ( ) our business performance improves.
A. although　　B. unless　　C. until　　D. once

（亜細亜大学）

Answers 1

1) 解答：B. I remember I was very happy when Santa Claus brought me **what** I had asked for.　「サンタクロースがお願いしたものを持ってきてくれたとき，とてもうれしかったのを覚えている」

2) 解答：A. **Whether** this is your first visit or one of many, we hope you enjoy the beautiful landscapes.　「今回のご訪問が初めてでも何度目かでも，美しい風景をお楽しみいただければ光栄です」

3) 解答：A. If he had lived one day longer, he **would have become** one hundred years old.　「あと1日長生きしていたら，100歳になっていたのに」
→ 〈If Who/What + had+ed/en + What , Who/What + would + have+-ed/en + What 〉「〜していたら，〜だったのに」過去についての仮定。

4) 解答：B. If I had a good camera, I **could take** beautiful photographs.
「もしいいカメラを持っていたら，美しい写真が撮れるのに」
→ 〈If Who/What + -ed + What , Who/What + could + -ed/en + What 〉「〜したら，〜できるのに」という現在での実現不可能な仮定。

5) 解答：A. I will give him a key **so that** he can get in any time.
「彼がいつでも中に入れるように，彼に鍵を渡します」

6) 解答：B. Let's meet at the cafeteria **whenever** it is convenient. 「いつでも都合のいいときに食堂で会おう」

7) 解答：A. We went for a walk **although** it was raining. 「雨が降っていたが，私たちは散歩した」

8) 解答：A. When I **get** to the station, I'll give you a call. 「駅に着いたら，電話するよ」

9) 解答：C. The actor has to lose some weight before the next performance, **for** he will be playing the role of a boxer. 「その役者は次の演技前に減量しなければならなかった，というのは彼はボクサーの役を演じるのだ」

10) 解答：D. We will be able to pay the debt **once** our business performance improves. 「いったん営業成績が改善すれば，その借金を返すことができる」

Give It a Try! 2

各空欄に語または句をもっとも適切な順序で並べ，それぞれの日本語の意味を表わす英語にしなさい。

1) それが私の手に負えるのか自信がない。
I am ☐1 ☐2 ☐3 ☐4 ☐5 ☐6 it.
A. can　　B. handle　　C. I　　D. if　　E. not　　F. sure
（帝京大学）

2) お金が尽きてきたので，私は両親に連絡した。
My money was ☐1 ☐2 , ☐3 ☐4 ☐5 ☐6 touch with my parents.
A. got　　B. I　　C. in　　D. out　　E. running　　F. so
（帝京大学）

3) 私の父からもらったこのカードは私の宝物です。
☐1 ☐2 ☐3 ☐4 ☐5 ☐6 ☐7 ☐8 .
A. card　　B. from　　C. got　　D. I　　E. my father
F. my treasure　　G. this　　H. was
（東京家政大学）

4）ニューヨークは最も生活費の高い都市だ。

| 1 | 2 | 3 | 4 | 5 | 6 | 7 | 8 | .

A. expensive cities   B. in   C. is   D. live   E. New York

F. one of   G. the most   H. to

（東京家政大学）

5）マキは先生が忠告してくれたことをしようとした。

| 1 | 2 | 3 | 4 | 5 | 6 | 7 | 8 | .

A. follow   B. gave   C. her   D. Maki   E. teacher

F. the advice   G. to   H. tried

（東京家政大学）

次の日本語を英語に訳しなさい。

（学習院大学・法）

6）このスピーチを書き終えた後に，あなたと一緒に参ります。

I will go with you _____.

7）被害者が今必要としているのは，食料と水である。

What the victims _____.

8）彼女は引っ越ししてすぐに新しい友達ができた。

She made new friends _____.

9）私たちは興奮しすぎてじっと座っていられなかった。

We _____.

Answers 2

1）解答：1.E.－2.F.－3.D.－4.C.－5.A.－6.B.

I am not sure if I can handle it.

2）解答：1.E.－2.D.－3.F.－4.B.－5.A.－6.C.

My money was running out, so I got in touch with my parents.

3） 解答：1.G.− 2.A.− 3.D.− 4.C.− 5.B.− 6.E.− 7.H.− 8.F.

This card I got from my father was my treasure.

4） 解答：1.E.− 2.C.− 3.F.− 4.G.− 5.A.− 6.H.− 7.D.− 8.B.

New York is one of the most expensive cities to live in.

5） 解答：1.D.− 2.H.− 3.G.− 4.A.− 5.F.− 6.C.− 7.E.− 8.B.

Maki tried to follow the advice her teacher gave.

6） I will go with you **after I finish writing this speech.**

7） What the victims **need is food and water.**

8） She made new friends |**as soon as** [**immediately/right after**] **she moved.**

9） We **were so excited that we could not sit still.** = We were too **excited to sit still.**

Give It a Try! **3**

次の（ 1 ）~（ 5 ）の空欄に入れるのに最も適切な語を語群の中から選びなさい。ただし，文頭にくるべき語も小文字になっている。

（産業能率大学）

　　　We look at people's appearance, such as eyes, hair, and height, all the time. （ 1 ） we meet someone we don't know, we create an idea of what that person is like in our mind. This is called a first impression.
　　　How do we create a first impression of people? Most of the time, we see （ 2 ） the person looks like. For example, we may think that a person wearing glasses looks smart.
　　　A writer Malcolm Gladwell, wrote about （ 3 ） we make decisions using our first impressions. He did a survey of the leaders of big companies in the United States. He found （ 4 ） a lot of them were tall men—about 1.8 meters. Most men in the United States are about 1.75 meters tall. Gladwell says that we choose taller people to be our leaders without knowing it. This is （ 5 ） tall people feel like leaders to us. But not everyone agrees. We don't always make important decisions based on only our first impressions.

Giving people a good first impression can be important, like in a job interview. But first impressions are not always true. We often change how we feel about people when we know them better.

[A. because   B. how   C. that   D. what   E. when

F. where   G. who   H. why]

解答：（1）E.　　（2）D.　　（3）B.　　（4）C.　　（5）A.

日本語訳

　目，髪，背丈といった他人の外見を私たちは毎日目にする。知らない人に会うと，私たちはその人がどんな人か頭の中で想像する．これが第一印象である。

　私たちはどのようにして人の第一印象を作り上げるのだろうか。多くの場合，私たちはその人がどう見えるかわかる。たとえば，私たちは，メガネをかけている人は頭が良さそうだと考えることがある。

　マルコム・グラッドウェルという作家は，第一印象を頼りに私たちがどういう判断をするかについて書いた。彼はアメリカの大企業のリーダーたちにアンケートを行った。そして，彼らの多くが180センチぐらいの背が高い男性だということがわかった。アメリカのたいていの男性は175センチぐらいである。グラッドウェルによると，私たちは知らないうちに背が高い人をリーダーに選んでいるということである。だから，背の高い人は私たちにはリーダーのように思えるのである。しかし，すべての人が同意するわけではない。私たちはいつも重要な決断を第一印象で決めるわけではないからだ。

　就職面接などでは，よい第一印象を与えることは重要かもしれない。しかし，第一印象はいつも正しいわけではない。その人をよく知ると，その人の印象が変わることも少なくない。

Stage4

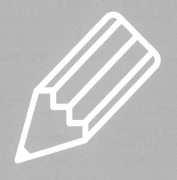

つながりを出す

つながりを意識してセンテンスを書く

カタマリ（Stage 1）➡センテンス（Stage 2, Stage 3）を終えたので，いよいよセンテンスを超えたテキストを書くスキルを扱います。Stage 2 で毎日英語日記をつけることを勧めましたが，続けていますか。ここまでは，センテンスの基本原理と基本動詞の使い方に慣れることが目的でしたが，これからは新たなセンテンスを書くたびに前のセンテンスとつながりがあるかも強く意識してください。

それではどうやってつながりを出すかを考えてみましょう。

指示語や代名詞でつながりを出す

いちばん簡単なのは，指示語（*this* / *that* / *the* / *its* / *these* / *those* / … ）や代名詞（*he* / *she* / *it* / *they* / … ）を使ってつながりを出すことです。例を見てみましょう。

Yesterday I saw a horror movie *.* ***It*** *was extremely scary.*
昨日ホラー映画を見た。その映画はものすごく怖かった。

前のセンテンスの ***a horror movie*** を指す代名詞の it を使うことでつながりがでています。

Kevin finally bought a Ferrari *.* This car *was what he wanted to have for many years.*
ケビンはついにフェラーリを買った。この車は彼が何年も欲しかったものだった。

ここでは〈指示限定詞 *this* ＋ モノ 〉のカタマリが前のセンテンスの ***a Ferrari*** を指すことで，2つのセンテンスの間につながりが出ます。

80

I hate the store manager at the convenience store I work at . *He* is very rude.
バイト先のコンビニの店長が大嫌いです。 すごく失礼なんです。

「そんなの当たり前じゃないか」 と思うかもしれません。 でも, **ライティングが苦手な人の多くはこの当たり前のことができません**。 未経験者とサッカーボールがあればドリブルの, グラブとボールがあればキャッチボールの真似事ができます。 でも, ボールを前に置いてただ走っているだけのドリブルとプロのサッカー選手の足にボールが張り付いたようなドリブルは明らかに違います。 プロ野球選手のキャッチボールで, 相手の投げたボールを取れなかったり, 相手が取れないボールを投げたりすることはありません。 グラブの真ん中で正確に捕球し, 相手の胸に正確なボールを投げます。 差は何かというと, こういう当たり前のことをどれだけきっちりとできるか, というところです。 センテンス間のつながりを出すスキルの習得はそれに似ています。

✦ 覚醒POINT ✦

前のセンテンスの情報を表わす語句を使うことでつながりを出す

Quiz **19**

[　]内の語句を並べかえてセンテンスをつくり, 1)−10)のテキストを完成させてください。

1) *Andrew made friends with an animal.*
　 [*a / his / yard / racoon dog / he / it / found / was / in*] .

2) *Steve bought a new motorbike.*
　 [*money / it / him / cost / a large amount of*] .

3) *You should go to the National Museum of Western Art.*
　 [*things / see / it / many / has / to*] .

4) *Sally took me to her apartment.*
[*unbelievably / the / messy / was / room*] .

5) *My brother introduced his best friend to me.*
[*cute / boy / the / really / was*] .

6) *My favorite artist is Olivia Rodrigo.*
[*voice / has / a / she / beautiful*] .

7) *My mother got a new boyfriend about my age.*
[*news / me / shocked / this*] .

8) *Munetaka Murakami hit 56 home runs in one season.*
[*record / a / this set*] .

9) *We saw the new store manager.* [*okay / seemed / he*] .

10) *Nowadays, more and more companies are trying to achieve SDGs.* [*mentioned / very / these / are / goals / often*] .

20

1) *Andrew made friends with an animal. It was a raccoon dog he found in his yard.*
アンドリューは１匹の動物と仲良くなった。それは庭で見つけたタヌキだった。

2) *Steve bought a new motorbike. It cost him a large amount of money.*
スティーブは新しいオートバイを買った。それはすごくお金がかかった。

3) *You should go to the National Museum of Western Art. It has many things to see.*
国立西洋美術館に行くべきだ。見るものがたくさんあるよ。

4) *Sally took me to her apartment. The room was unbelievably messy.*

サリーは私を彼女のアパートまで連れて行ってくれた。その部屋はものすごく汚かった。

5) *My brother introduced his best friend to me. The boy was really cute.*

兄は親友を私に紹介してくれた。その男の子はとてもすてきだった。

6) *My favorite artist is Olivia Rodrigo. She has a beautiful voice.*

私のお気に入りのアーティストはオリヴィア・ロドリゴだ。彼女は美しい声をしている。

7) *My mother got a new boyfriend about my age. This news shocked me.*

お母さんに自分と同年代の新しい彼氏ができた。この知らせはショックだった。

8) *Munetaka Murakami hit 56 home runs in one season. This set a record.*

村上宗隆選手は1シーズンに 56 本のホームランを打った。これは新記録だ。

9) *We saw the new store manager. He seemed okay.*

私たちは新しい店長に会った。大丈夫そうな人だった。

10) *Nowadays, more and more companies are trying to achieve SDGs. These goals are mentioned very often.*

今や SDGs を達成しようとしている企業がどんどん増えている。これらの目標はかなり頻繁に言及される。

関連語でつながりを出す

指示語や代名詞がなくても，関連した語でつながりを出すこともできます。次の例を見てください。

*Both Andrew and Aaron love **animals**. Andrew often goes to the **zoo** to see **alpacas**, and Aaron has some **lizards** as **pets**.*

アンドリューもアーロンも動物が大好きだ。アンドリューはアルパカを見るためによく動物園に行くし，アーロンはトカゲをペットとして飼っている。

最初のセンテンスで *animals*「動物一般」が好きと書き，次のセンテンスで関連語である *zoo, alpacas, lizards, pets* という具体的な語を使うことで，テキストにつながりが出ています。

*Catherine is **happily** eating a **donut** at her desk. This 20-minute **breakfast** time is important for her to **relax**.*

キャサリンは幸せそうに自分の机でドーナツを食べている。この 20 分の朝食の時間は，彼女が安らぐうえで重要なのだ。

今度は *donut* という具体的な語が最初のセンテンスで出てきています。これを抽象的に言い換えたのが *breakfast* という関連語です。また *happily* と *relax* も朝食を食べるキャサリンの心理状態を表わす意味で関連性があり，これもテキストのつながりに貢献しています。

Quiz 20

_____ 部分に入る適切なものを[ ]内から選び，１）－10)のテキストを完成させてください。

[*become rich* / *stays at work* / *grills meat* / *tie* / *public holidays* / *native speaker* / *bread* / *best friend* / *restaurants* / *rugby*]

1) *Melody is a gourmet. She has been to almost all the good _____ in Tokyo.*
2) *Only Conrad can fully understand Kevin. However, his _____ is not near Kevin anymore.*
3) *The supermarket is closed on _____. Of course, it is not open on New Year's Day.*

4) *Chihiro wants to give something useful to her father for his birthday. She is wondering if a _____ works.*

5) *Bob never eats carbs. He refuses to eat rice, pasta, or _____.*

6) *Yoshino likes playing sports with boys. She is on the _____ team at school.*

7) *Darin cooks on weekends. He _____ outside.*

8) *Karl speaks Japanese very fluently. People who listen to him speaking Japanese consider him to be a _____.*

9) *Gayla works too much. She sometimes _____ until midnight.*

10) *Alan's dream is to _____. He digs for gold on the beach every weekend.*

Answers **20** 🔊))21

1) *Melody is a gourmet. She has been to almost all the good **restaurants** in Tokyo.*

メロディーは食通だ。彼女は東京のほとんどすべてのおいしいお店に行ったことがある。

2) *Only Conrad can fully understand Kevin. However, his **best friend** is not near Kevin anymore.*

コンラッドだけが十分にケヴィンを理解できる。しかし，その大親友はもうケヴィンのそばにはいない。

3) *The supermarket is closed on **public holidays**. Of course, it is not open on New Year's Day.*

そのスーパーマーケットは国民の祝日には閉まっている。当然，元日は開いていない。

4) *Chihiro wants to give something useful to her father for his birthday. She is wondering if a **tie** works.*

チヒロは父親の誕生日に何か役に立つものをあげたいと思っている。彼女はネクタイはどうだろうかと考えている。

5) *Bob never eats carbs. He refuses to eat rice, pasta, or **bread**.*
ボブは決して炭水化物を口にしない。彼は米，パスタ，パンを食べるのを拒む。

6) *Yoshino likes playing sports with boys. She is on the **rugby** team at school.*
ヨシノは男子とスポーツをするのが好きだ。彼女は学校でラグビー部に入っている。

7) *Darin cooks on weekends. He **grills meat** outside.*
ダーリンは週末料理をする。彼は屋外で肉を焼くのだ。

8) *Karl speaks Japanese very fluently. People who listen to him speaking Japanese consider him to be a **native speaker**.*
カールは日本語をとても流暢に話す。彼が話すのを聞いたら，母語話者と思うだろう。

9) *Gayla works too much. She sometimes **stays at work** until midnight.*
ゲイラは働きすぎだ。深夜 0 時まで職場に残っていることがある。

10) *Alan's dream is to **become rich**. He digs for gold on the beach every weekend.*
アランの夢は金持ちになることだ。彼は毎週末，海岸で金を掘る。

✎ 情報の流れからつながりを出す

My favorite movie is Rocky . ***This movie** is loved by men, but not by women.*
私のいちばん好きな映画は『ロッキー』だ。この映画は男性には人気があるが，女性はそれほど好きではない。

上のテキストはスムーズに情報が流れているので，読み手は問題なく内容を把握することはできます。でも，仮に次のようにしてみるとどうでしょうか。

My favorite movie is Rocky . *Men love* **this movie**. *Women don't.*

意味は変わりません。 しかし, *Rocky* を指す *this movie* が第2センテンスの真ん中に移動したことで, 少しテキストのリズムが悪くなっています。

Sherlock carefully looked at the door . **It** *was damaged.*

シャーロックはドアを注意深くながめた。 ドアは壊されていた。

このテキストも *the door* と *It* がきれいにつながっています。 しかし,

Sherlock carefully looked at the door . *Somebody damaged* **it**.

このように, *the door* と *it* が離れるとリズムが悪くなり,「ドアが壊されている現象」よりも「壊した誰かの存在」のほうが気になってきます。
このように, 情報の流れはテキストのつながりに影響を与えます。

では, 情報の流れに関する問題を, いくつか解いてみましょう。

Quiz 21

[ ]内の❶と❷の文のうち, 情報の流れとしてスムーズなほうを選んでください。

１) *My dad is running a shop.*
[❶ *It sells baseball items such as gloves and bats.* /
❷ *Gloves and bats are selling well at my father's store.*]
２) *Paul found something red on Asami's face.*
[❶ *There was ketchup.* /❷ *It was ketchup.*]
３) *One of my favorite manga series is Demon Slayer.*
[❶ *It was written and illustrated by Koyoharu Gotouge.* /
❷ *Koyoharu Gotouge wrote and illustrated it.*]
４) *The most popular glue stick all over the world is* Pritt.
[❶ *It was invented by a German company about 50 years ago.* /
❷ *A German company invented it about 50 years ago.*]

5) *Jody and Thomas used to be an ideal couple. However,*
[❶ *she got a divorce* /❷ *they divorced*] *last year.*

6) *Emiko has three kids.*
[❶ *English was spoken by them.* /
❷ *All of them speak English fluently.*]

7) *Johnny has a beautiful wife.*
[❶ *Food at home runs out very quickly because of her.* /
❷ *She eats a lot and the fridge gets empty quickly.*]

8) *In Hokkaido, there are a few big cities.*
[❶ *They are Sapporo, Hakodate, Otaru, and Asahikawa.* /
❷ *Sapporo, Hakodate, Otaru, and Asahikawa are included.*]

9) *My favorite athlete is Shohei Otani.*
[❶ *He plays baseball on a Major League team.* /
❷ *A Major League team includes him.*]

10) *Saki opened the fridge.*
[❶ *No food was found.* /❷ *There was no food.*]

Answers **21**   🔊))22

1) ❶
My dad is running a shop . *It sells baseball items such as gloves and bats.*
私の父は店を経営しています。グラブやバットなど野球用具を売っています。

2) ❷
Paul found something red *on Asami's face. It was ketchup.*
ポールはアサミの顔に何か赤いものがついているのに気づいた。それはケチャップだった。

3) ❶
One of my favorite manga series is Demon Slayer . *It was written and illustrated by Koyoharu Gotouge.*
私の大好きな漫画は『鬼滅の刃』です。それは吾峠呼世晴の作品です。

4) ❶

The most popular glue stick all over the world is Pritt*.* **It** *was invented by a German company about 50 years ago.*

世界中で最も人気があるスティック糊はプリットです。約50年前にドイツの会社で開発されました。

5) ❷

Jody and Thomas *used to be an ideal couple. However,* **they** *divorced last year.*

ジョディーとトーマスはかつては理想の夫婦でした。しかし,去年離婚しました。

6) ❷

Emiko has three kids*. All of* **them** *speak English fluently.*

エミコには3人子供がいます。3人とも英語が上手です。

7) ❷

Johnny has a beautiful wife*.* **She** *eats a lot and the fridge gets empty quickly.*

ジョニーには美しい妻がいます。彼女はよく食べるので,冷蔵庫はすぐに空になります。

8) ❶

In Hokkaido, there are a few big cities*.* **they** *are Sapporo, Hakodate, Otaru, and Asahikawa.*

北海道にはいくつかの大きな街があります。札幌,函館,小樽,旭川です。

9) ❶

My favorite athlete is Shohei Ohtani*.* **He** *plays baseball on a Major League team.*

私の大好きなスポーツ選手は大谷翔平さんです。彼はメジャーリーグ球団でプレイしています。

10) ❷

Saki opened the fridge. There was no food*.*

サキは冷蔵庫を開けた。食べ物は何もなかった。

→ここでの*There*は前のセンテンスの*the fridge*を指すものではないですが,*no food*という後ろのセンテンスの大事なメッセージを最後にもっていくことで,つながりを出しています。

89

ディスコースマーカーでつながりを出す

ディスコースマーカー（つなぎ言葉）を使ってつながりを出す方法もあります。

●ディスコースマーカー（つなぎ言葉）の種類

列挙	*first (of all)*,「まず第１に」　*second,* / *next,*「次に」 *finally,*「最後に」
意見の提示	*I think (that) ~* / *I believe (that) ~*「～だと思う」 *in my opinion*「私の考えでは」　*I am against X*「Xに反対する」 *I support X*「Xを支持する」
追加	*too*「も」/ *also*「(は)また」 *in addition,* / *moreover,* / *furthermore,*「加えて」
一般論の提示	*in general,*「概して」　*in most cases,*「多くの場合」 *generally*「一般的に」
対比	*however,*「しかし」　*, though*「が」　*on the other hand,*「一方」
説明	*this means that ~*「このことは～を意味する」
譲歩	*of course,*「もちろん」　*it is true that ~*「～は事実であるが」
まとめ	*therefore,*「ゆえに」　*in summary,*「要約すると」 *for these reasons,*「これらの理由から」 *in this way,*「このように」　*that is why*「それで」

では，これらのディスコースマーカーを使った問題を解いてみましょう。

Quiz **22**

空所 1)－10)に入る正しいディスコースマーカーを[　]内から選び，Ａ－Ｄのテキストを完成させてください。

[*In addition* / *Of course* / *In general* / *I think* / *This means that* /
Second / *Finally* / *However* / *For these reasons* / *On the other hand*]

A

　　1)　　, it is good to have children play soccer. First, kids will have fun.
　　2)　　, soccer helps keep them in good health.　　3)　　, it helps them
learn to work with others.　　4)　　, I strongly suggest having kids play
soccer.

B

Most students don't study a lot. ⬜ 5) ⬜ *you can be way ahead of a lot of other students if you study hard.*

C

⬜ 6) ⬜ *, it is not easy for your brother to become an actor.* ⬜ 7) ⬜ *, if it is his dream, you don't have the right to stop him.*

D

⬜ 8) ⬜ *Ms. Kinoshita is an extremely tough teacher.* ⬜ 9) ⬜ *, she always offers help to hardworking students.* ⬜ 10) ⬜ *, her English is better than any other English teachers at our high school.*

Answers **22**

23

A

1) ***In general***, *it is good to have children play soccer. First, kids will have fun.* 2) ***Second***, *soccer helps keep them in good health.* 3) ***Finally***, *it helps them learn to work with others.* 4) ***For these reasons***, *I strongly suggest having kids play soccer.*

一般的には，子供にサッカーをさせることは良いことです。まず，子供は楽しみます。次に，サッカーをすることで子供は健康であり続けます。最後に，サッカーを通じて子供は他人とやっていく方法を学びます。これらの理由から，子供にサッカーをさせることを強く勧めます。

B

Most students don't study a lot. 5) ***This means that*** *you can be way ahead of a lot of other students if you study hard.*

ほとんどの学生はたくさんは勉強しません。それは，あなたが一生懸命勉強すれば多くの他の学生よりもずっと先へ行けることを意味します。

C

6) ***Of course***, *it is not easy for your brother to become an actor.*
7) ***However***, *if it is his dream, you don't have the right to stop him.*

もちろん，あなたの弟が役者になるのは簡単なことではないでしょう。でも，それが彼の夢ならば，あなたに彼をとめる権利はありません。

D

8) *I think that* Ms. Kinoshita is an extremely tough teacher. 9) *On the other hand*, she always offers help to hardworking students. 10) *In addition*, her English is better than any other English teachers at our high school.

木下先生はとても厳しい先生だと思います。一方，彼女はがんばっている生徒には手助けを惜しみません。それに，彼女は私たちの高校にいる他の英語の先生の誰よりも英語が上手です。

いかがでしたか。

おそらくほとんどの人が正しいディスコースマーカーを選ぶことができたはずです。ディスコースマーカーを頼りに，テキストの意味がわからない部分を推測することはリーディングにおいては欠かせないスキルですが，テキストの意味がわかっているときはディスコースマーカーの働きにそれほど気を配る必要はないからです。学習者のライティングを添削した経験や，ライティング指導者から聞くところによると，他の部分はよくできていてでディスコースマーカーを入れれば完璧になるようなテキストを書く学習者はほとんどいないようです。むしろ，「ここに *on the other hand* という対比のディスコースマーカーがあるけど，その後に書いてあることが対比になっていない」という**ディスコースマーカー前後に書かれる内容に問題がある学習者のほうが圧倒的に多い**ようです。これは，この後の Stage 5 で解説する展開パターンを身につけることで，克服することができるでしょう。

p.90 にあるディスコースマーカーすべてを覚える必要はなく，**太字**になっているごく基本的なものだけで十分です。それよりも Stage 5 で学ぶ展開パターンに注目して，読み手が期待する型にそって情報を展開していくことに力を入れましょう。

✦ 覚醒POINT ✦

つながりを出す小道具は
❶ 指示語や代名詞　❷ 関連語
❸ 情報の流れ　❹ ディスコースマーカー

では最後に，大学入試問題を解いてみましょう。この Stage で学んだことを応用すれば，正解することができます。

Give It a Try! **1**

（　1　）から（　6　）の空欄を埋めるのに最も適切な語句を語群の中から選びなさい。

　　　　If you are anything like most people, you probably（　1　）posting on social media. Maybe you hope to create a particular kind of image of yourself, or（　2　）to show others what good taste you have. You're probably not planning to provide information that could be used against you in the future, but every time you post online or "like" something, you are agreeing to（　3　）that personal information with the world!

　　　　Most of us avoid revealing too much about ourselves face-to-face, but for some reason, we don't（　4　）doing this online. Everything you decide to make public on the Internet helps to build a very detailed picture of who you are and what you believe—and we're failing to understand that this helps companies（　5　）your age, gender, education, political views... and much more.

　　　　Of course, most social media companies refuse to guarantee privacy for users. After all, we are their product. What they sell is the information we（　6　）them! Given this, I recommend using science to help us gain control over our data! Sites could warn us of the risks we are taking when we post certain kinds of information, for example. Failing that, of course, we could all just consider posting less.

語群

A. agree　　B. enjoy　　C. forget　　D. guess　　E. give
F. intend　　G. mind　　H. share

（産業能率大学）

93

解答：(1) B.(enjoy)　(2) F.(intend)　(3) H.(share)
　　　(4) G.(mind)　(5) D.(guess)　(6) E.(give)

日本語訳

　あなたが大多数の人と同じならば，SNSによく書き込みをするはずだ。たぶん，自分に特定のイメージを出したり，他人にセンスのよさを示そうと思ってやっている。今後，自分に対して使われる情報を提供しているつもりはないのだろうが，毎回，ネットに書き込みをしたり，何かに「いいね！」をするたびに，あなたは個人情報を世界に晒すことに同意しているのだ。

　私たちの多くは，対面で，自分のことをあまり出しすぎないようにしているが，どういうわけか，オンラインでは自分をさらすことに抵抗がない。インターネット上で公表したあらゆることは，あなたがどういう人間で，何を考えているのかについてかなり詳細なイメージを形作るのに役立つし，そしてこのことが諸企業にあなたの年齢や性別，教育，政治観を推測するのに役立つということをわかっていない。

　もちろん，多くのSNSの運営会社はプライバシーをユーザーに保証するのを躊躇している。結局，私たちは彼らの製品なのだ。彼らが売っているのは，私たちが彼らに与えた情報だ。このような状況から，私は科学によって私たちが自分たちのデータを管理することができるようにすることを勧める。例えば，ある種の情報を書き込むときに，サイトが私たちが受ける危険について警告するのはどうだろうか。もちろん，それができないならば，私たちは単にあまり書き込みをしないようにするだろう。

下線部 1)－5)において自然な英文になるように，［　］内の語句を並び替え なさい。

The New Year in Different Cultures

People throughout the world celebrate the New Year, but not everybody does it the same way. Most 1)[January 1 / on / countries / the New Year / welcome]. For many people in the Middle East, the New Year is when the spring comes. People in many countries 2)[celebrate / China and Vietnam / according to / the New Year / such as] the lunar calendar*, and their New Year usually comes between January 21 and February 19.

In all of these cultures, there is a practice of making noise. People in 3)[evil sprits / made noise / old times / from / to drive away] the home. In many countries, people go from house to house making noise with drums and bamboo sticks. Moreover, people in many countries stay up till midnight on New Year's Eve to 4)[to / pass / from one year / the time / watch] the next. Friends often gather together at a party on New Year's Eve, and when the New Year comes, bells ring, and people blow whistles, sing and dance. A 5)[which / everyone / Scottish song / sings / favorite] together almost throughout the world is *Auld Lang Syne*. The words tell that old friends have a good time together.

（武蔵野大学）

*lunar calendar 太陰暦

解答
1) countries welcome the New Year on January 1.
2) such as China and Vietnam celebrate the new year according to
3) old times made noise to drive away evil spirits from
4) watch the time pass from one year to
5) favorite Scottish song which everyone sings

日本語訳

異なる文化における新年

　世界中の人々が新年を祝うが，誰もが同じ方法で祝うわけではない。大部分の国は新年を1月1日に祝う。中東では，多くの人々は春が来た時に新年を祝う。中国やヴェトナムといった多くの国々は太陰暦に基づく新年を祝い，彼らの新年は通常1月21日から2月19日の間にくる。

　これら多くの文化では，音を立てる慣習がある。古来の人々は家から邪気を追い払うために音を立てた。多くの国では，太鼓と竹棒で音を立てて家から家をまわる。さらに，多くの国々の人たちが12時まで起きていて，年が移り変わるのを見届ける。友人が大晦日に宴会を開いて集まり，新年がくるときにベルがなり，人々は笛を吹いて歌い，踊る。みんなが歌う人気のスコットランドの歌はAuld Lang Syneである。この単語は古い友人が楽しいときを過ごすという意味だ。

Give It a Try! 3

与えられた文に続くA～Dの順番として最も適切なものを選びなさい。

1) Hans Christian Andersen was one of the greatest storytellers in the world.

A. He made drawings and collages, and created puppets and puppet stages.
B. But not many people know that he was also a great artist.
C. He also cut beautiful pictures from pieces of paper.
D. As you know, he wrote more than 150 stories, including *The Little Mermaid* and *The Ugly Duckling*.

1. B.－A.－C.－D.　　2. B.－D.－C.－A.
3. D.－C.－B.－A.　　4. D.－B.－A.－C.

（成蹊大学・経済）

2) Andersen never explained how he learned to make paper cuttings.

A. Andersen usually made his cuttings while he was telling a story in front of an audience, especially children.
B. One wrote about how amazed she was to see Andersen cut out such delicate paper cuttings with his big hands and an enormous pair of scissors.
C. What we know about his cutting mostly comes from other people's accounts about him.
D. Some of these young listeners were so impressed that they later wrote about Andersen and his wonderful paper cuttings.

1. B.－A.－D.－C.　　2. B.－C.－A.－D.
3. C.－B.－D.－A.　　4. C.－A.－D.－B.

（成蹊大学・経済）

3) It is believed that young great white sharks use certain areas of the sea as training grounds.

A. Mossel Bay in South Africa is one of them.
B. These points make the bay a great place for them to develop.
C. Additionally, the area has many different types of fish that they can eat.
D. The bay has sheltered conditions, so the young sharks can improve their hunting skills while avoiding competition with larger sharks.

１. A.－D.－C.－B.   2. B.－C.－A.－D.
3. C.－B.－D.－A.   4. D.－A.－B.－C.

（京都産業大学）

4) Where did the tradition of birthday cakes come from?

A. Originally these cakes were made almost solely for the celebration of weddings.
B. Cultures around the world have been creating celebratory cakes for thousands of years.
C. The addition of candles also began in Germany in the 1700s when birthday celebrations for children became common.
D. Later, cakes made specifically for birthdays, similar to what we enjoy today, are believed to have originated in Germany in the 1400s.

１. A.－C.－B.－D.   2. B.－A.－D.－C.
3. C.－D.－A.－B.   4. D.－B.－C.－A.

（京都産業大学）

Answers 3

1）解答：4.

① Hans Christian Andersen was one of the greatest storytellers in the world. ② As you know, he wrote more than 150 stories, including *The Little Mermaid* and *The Ugly Duckling*. ③ But not many people know that he was also a great artist. ④ He made drawings and collages, and created puppets and puppet stages. He also cut beautiful pictures from pieces of paper.

➡①：誰もが知っているであろうこと（抽象）　②：誰もが知っているであろうこと（具体）
③：多くの人が知らないであろうこと（抽象）　④：多くの人が知らないであろうこと（具体）

ハンス・クリスティアン・アンデルセンは世界的に優れたストーリーテラーのひとりである。周知のように，『人魚姫』や『みにくいアヒルの子』を含む 150 以上の物語を書いた。しかし，多くの人々は彼が偉大な画家でもあったということを知らない。彼は，絵やコラージュ，人形，人形劇を制作した。彼はまた，紙から美しい切り絵を作った。

2）解答：4.

Andersen never explained how he learned to make paper cuttings. What we know about his cuttings mostly comes from other people's accounts about him. Andersen usually made his cuttings while he was telling a story in front of an audience, especially children. Some of these young listeners were so impressed that they later wrote about Andersen and his wonderful paper cuttings. One wrote about how amazed she was to see Andersen cut out such delicate paper cuttings with his big hands and an enormous pair of scissors.

アンデルセンは決して，どのように切り絵を学んだのかを説明しなかった。私たちが彼の切り絵について知っていることの多くは，他の人の彼に対しての記述からである。アンデルセンがたいてい切り絵をしたのは，彼が聴衆，とりわけ子供たちの前で話を聞かせているときだった。これらの小さな聴衆たちの中には大きな印象を受けたので，のちにアンデルセンと彼のすばらしい切り絵について書き残した。ひとりはアンデルセンが大きな手と大きなハサミで繊細な切り絵をしていくのを見て感銘を受けたと書いている。

➡正しく並べると，読み手の疑問に答える形で書かれていることがわかります。

3）解答：1.

It is believed that young great white sharks use certain areas of the sea as training grounds. Mossel Bay in South Africa is one of them. The bay has sheltered conditions, so the young sharks can improve their hunting skills while avoiding competition with larger sharks. Additionally, the area has many different types of fish that they can eat. These points make the bay a great place for them to develop.

若いホオジロザメは特定の海を練習場として使っていると考えられている。南アフリカのモーセル湾はそのひとつだ。その湾は保護された状態にあるので，若いサメは自分より大きなサメとの競争を避けながら狩りの能力を高めることがある。加えて，この湾には彼らが捕食できる多くの種類の魚がいる。これらの点で，この湾は彼らが成長するための良い場所になっている。

➡代名詞や指示限定詞，ディスコースマーカーの使い方のよい見本になります。

4）解答：2.

Where did the tradition of birthday cakes come from? Cultures around the world have been creating celebratory cakes for thousands of years. Originally these cakes were made almost solely for the celebration of weddings. Later, cakes made specifically for birthdays, similar to what we enjoy today, are believed to have originated in Germany in the 1400s. The addition of candles also began in Germany in the 1700s when birthday celebrations for children became common.

誕生日のケーキの習慣はどこから始まったのか。世界中の文化で何千年にもわたってお祝いのケーキを作ってきた。これらのケーキはもともとは結婚のお祝いのためのみに作られた。のちに，誕生日のために作られたケーキ，私たちが今日なじみのあるもの，は1400年代にドイツで始まったと考えられている。ろうそくをつけるのも，ドイツで子供の誕生祝いが普通になってきた1700年代に始まった。

Stage 5

展開パターンを
学ぶ

読み手が期待する展開パターンがある

Stage 4 ではテキストのつながりに関して，❶指示語や代名詞　❷関連語　❸情報の流れ　❹ディスコースマーカーと，どちらかというと形式面・ミクロの側からのアプローチを見てきました。Stage 5 では内容面・マクロの側から英語のテキストにおいて，読み手が期待する展開パターンを見ていきます。

 展開パターン1：「抽象」→「具体」－ 英語の論理の大原則

英語では，まず概要を伝えて，次に話す詳細を読み手が理解・消化しやすいように展開するのが普通です。これは**英語の論理というのは大原則として「抽象」（＝ざっくりと広くあてはまるコト）から「具体」（＝はっきりと実体を備えている人・モノ・コト）に流れる**からです。

> **✦ 覚醒POINT ✦**
> **テキストの展開の大原則　「抽象」→「具体」**

```
┌─────── 抽象 ───────┐ ┌─────── 具体 ───────
My dad cannot do anything without my mom. He asks her to wake him up,
─────────────────────────────────────────────
cook every single meal, and drive him everywhere.
```

お父さんはお母さんがいないと何もできません。お父さんはお母さんに起こしてもらうし，毎回食事をつくってもらうし，どこへ行くにも車で連れて行ってもらいます。

上の例で，このダメなお父さんの例では，第1センテンスで「お母さんがいないと何もできない」というざっくりとした内容（＝抽象）を述べてから，第2センテンスで「何ができないのか」という具体例を出しています。単語レベルでも *cannot do anything* は極めて抽象度の高い表現ですが，お母さんにしてもらう *wake up*, *cook*, *drive* というのは具体的な行為を表わす動詞です。

抽象 ┄┄┄┄┄┄┄┄┄┄┄ 具体 ┄┄┄┄

I went to my hometown during the spring break. *I saw some old friends,*

ate food my mom cooked, and *did nothing* at my parents' house.

春休みは田舎に帰った。古い友達に会って，お母さんがつくってくれる料理を食べ，両親の家でゴロゴロしていました。

同じように第1センテンスでは「田舎に帰った」という概要（＝抽象）を示して，第2センテンスで「そこで何をしたのか」という具体的な内容を述べています。

日本語では具体的なことを先に述べてから最後に抽象的にまとめる展開方法も少なくないので，「抽象」→「具体」の順番をきちんと意識しないと，英作文でこの順番で書くのは意外に難しいものです。では，少し練習してみましょう。

Quiz **23**

1）－3）について，第2センテンス以降の具体的な記述を読んで，第1センテンスとして適切なものを[　]内から選んでテキストを完成させてください。

[*James is unbelievably lazy. / Kevin is very emotional. /*
Mr. Dunn has different hobbies.]

1 ）＿＿＿＿＿＿＿＿＿＿＿ *He draws, flies drones, and plays golf.*

2 ）＿＿＿＿＿＿＿＿＿＿＿ *He laughs at something funny, gets*
angry at anything he dislikes, and cries about any little sad
thing.

3 ）＿＿＿＿＿＿＿＿＿＿＿ *He comes to work late every morning,*
skips all meetings, and even sleeps at his desk.

1) *Mr. Dunn has different hobbies. He draws, flies drones, and plays golf.*

　ダンさんにはさまざまな趣味がある。絵を描き，ドローンを飛ばし，ゴルフをする。

2) *Kevin is very emotional. He laughs at something funny, gets angry at anything he dislikes, and cries about any little sad thing.*

　ケヴィンはとても感情的だ。何か面白いことがあれば笑い，気に食わないことがあれば怒り，ちょっと悲しいことがあると泣いてしまう。

3) *James is unbelievably lazy. He comes to work late every morning, skips all meetings, and even sleeps at his desk.*

　ジェイムズは信じられないほどの怠け者だ。彼は職場に毎朝遅刻してくるし，すべての会議はサボるし，自分の机で眠りさえする。

 ## 展開パターン2：「意見」→「理由」

英語では何か意見を述べたら，その後に理由を説明するのが定番です。

――――――――――― 意見 ―――――――――――
You should not look at the screen on your smartphone for too many hours.
―――― 理由 ――――
It is not good for your eyes.

スマートフォンの画面を長時間見るのは良くない。目に悪い。

第1センテンスで「スマホの使いすぎは良くない」という意見を述べた後，第2センテンスではどうしてそう思うのか理由を添えています。この展開パターンは，日常会話で生活の話題を口にするときや社会や学問に関する主張をするときにもよ

く使われます。

✦ 覚醒POINT ✦
展開の鉄板 「意見」→「理由」

Quiz **24**

1）－4）について，第1センテンスの意見の理由となる記述を選び，テキストを完成させてください。

> ┌─ 理由となる記述 ─
> *Repealing the consumption tax would help people spend more money and the economy grow.*
> *It helps you learn the language and culture of another country.*
> *Kids who are good at soccer must have fun, but those who are poor at it could lose confidence.*
> *She is always looking at him.*

1）*I think Yoko loves Masashi.* _____

2）*I believe that it is a good idea to study abroad.*

    _____

3）*I don't think it is a good idea to have all elementary students play soccer.* _____

4）*In my opinion, Japan should abolish its consumption tax.*

    _____

Answers **24** 25

1）*I think Yoko loves Masashi. She is always looking at him.*
ヨウコはマサシのことが大好きなんだと思う。いつも彼のことを見ているからね。

2) *I believe that it is a good idea to study abroad. It helps you learn the language and culture of another country.*

留学するというのはいい考えだと思う。他の国の言語と文化を学ぶのに役立つ。

3) *I don't think it is a good idea to have all elementary students play soccer. Kids who are good at soccer must have fun, but those who are poor at it could lose confidence.*

小学生みんなにサッカーをさせるのは良くない考えだと思う。サッカーが得意な子は楽しめるだろうが，サッカーが苦手な子は自信を失ってしまうだろう。

4) *In my opinion, Japan should abolish its consumption tax. Repealing the consumption tax would help people spend more money and the economy grow.*

私の考えでは，日本は消費税を廃止すべきだ。消費税の廃止は消費を促進し，経済成長につながるだろう。

 展開パターン3：「問題」→「解決策」

最近では，ビジネスはもちろん教育の場でも問題解決能力を身につけることが謳われています。そのためか，英語の教科書や試験も問題解決に関するテーマやタスクを扱ったものが増えています。問題解決の表現方法はシンプルで，問題を指摘・提示して，その後に解決策を述べます。解決策を提示する際には，*should, have to* などの提案や必要性を表わす表現が使われることが多いです。

┌──────── 問題 ────────┐ ┌──── 解決策 ────┐
My dad does not give proper respect to my mom. She should divorce him.

お父さんはお母さんをまともに人として見ていない。お母さんはこんな人と離婚したほうがいい。

第1センテンスで自分の父親が母親に対して適切な敬意を払っていない，という問題を提示した書き手は，解決策として母親は父親と離婚したほうがいい，と述べています。

✦ 覚醒POINT ✦

論理的思考力をアピールする 「問題」→「解決策」

Quiz **25**

1)－4)に提示された問題に対する解決策の記述を選び，テキストを完成させてください。

解決策の記述

She has got to report it to the police.
We have to stop wasting food.
You should clean it.
We should cheer her up.

1) *Your room is messy and dusty.* ＿＿＿＿＿＿＿＿＿＿＿＿＿＿

2) *Prices are going up.* ＿＿＿＿＿＿＿＿＿＿＿＿

3) *Akane seems to be feeling down.* ＿＿＿＿＿＿＿＿＿＿＿＿

4) *A strange guy has been stalking Lori for a few weeks.*

＿＿＿＿＿＿＿＿＿＿＿

Answers **25** 26

1) *Your room is messy and dusty. You should clean it.*
君の部屋は散らかっていてホコリだらけだよ。掃除したほうがいいよ。

2) *Prices are going up. We have to stop wasting food.*
物価が上がっている。食べ物の無駄遣いはやめないといけない。

3) *Akane seems to be feeling down. We should cheer her up.*
アカネは落ち込んでいるようだ。励まそう。

4) *A strange guy has been stalking Lori for a few weeks. She has got to report it to the police.*
不審な男がローリーを数週間つけ回している。彼女は警察に言ったほうがいい。

 展開パターン4:「原因」→「結果」

報道・教育・ビジネスに関係なく，物事の因果関係を正確に見極めることは大事です。現象／出来事の原因は何で，その結果どうなったかをコンパクトに表現することは単に試験のライティングを超えて，大学での勉強や仕事にも役立つスキルです。

大学受験の和文英訳では，「かかってつなぐ接続詞」*because* や「結果として…となる」というような意味の *lead to, result in* を使って原因と結果を1つのセンテンスで表わすことを強調して教えられることがありますが**複数のセンテンスで「原因」→「結果」をテキスト内で展開することはより重要**なスキルです。

┌─── 原因 ───┐┌───────────────── 結果 ─────────────────
Maho studied really hard. As a result, she was able to enter one of the top

universities.

マホは本当に一生懸命勉強した。その結果，最難関大学の1つに入ることができた。

✦ 覚醒POINT ✦
状況把握力を示す展開　「原因」→「結果」

Quiz **26**

１）−４）について，第１センテンスに提示された原因に対する結果の記述を
選び，テキストを完成させてください。

> 結果の記述
>
> *Because of this, he lost trust from most of his colleagues.*
> *They got a one-week suspension from school.*
> *Most young people leave for big cities.*
> *A lot of old houses were damaged.*

１）*A big earthquake hit the city.* _____

２）*Mr. Nakamura occasionally lies in order to defend himself.* ___

_____

３）*Kasumi and Keiko picked a fight with their teacher during class.* _____

４）*There is no work in this town.* _____

Answers **26** 27

１）*A big earthquake hit the city. A lot of old houses were damaged.*
大地震がその街を襲った。多くの古い家が被害を受けた。

２）*Mr. Nakamura occasionally lies in order to defend himself. Because of this, he lost trust from most of his colleagues.*
ナカムラさんはたびたび自分を守るために嘘をつく。そのため，彼は大部分の同僚からの信頼を失った。

３）*Kasumi and Keiko picked a fight with their teacher during class. They got a one-week suspension from school.*
カスミとケイコは授業中に先生にけんかをふっかけた。彼らは学校から１週間の停学処分を受けた。

109

4) *There is no work in this town. Most young people leave for big cities.*

この街には仕事がない。多くの若者は大都市へ行ってしまう。

 展開パターン５：「譲歩」→「反論」

一方的に自説を述べるだけでは相手が受け入れてくれないことがあります。自分の考えとは反対の立場や一般論に一定の理解を示した後, *Of course, / It is true that ~. However, ~* 「もちろん／確かに～だ。しかしながら，～」と，反論や自説を展開したほうがよい場合があります。

譲歩

It is true that social media offers a lot of chances to be connected to people all over the world. However, if you spend too much time on social media, you will miss out on a lot of important communication with people in real life.

反論

確かに，ＳＮＳは世界中の人々とつながる機会を提供する。しかしながら，あなたがＳＮＳに時間を使いすぎるならば，リアルの世界の人々との重要なコミュニケーションを多く逃していることになる。

第１センテンスでＳＮＳの良い点を挙げ，その後，ＳＮＳに時間を使いすぎるのは良くないという自説を展開しています。

✦ 覚醒POINT ✦

主張に深みを出す展開　「譲歩」→「反論」

Quiz **27**

１）－４）について，第１センテンスに提示された譲歩の記述に続く適切な反論の記述を選び，テキストを完成させてください。

― 反論の記述 ―

it is probably the best system to judge their academic skills, at least in Japan.

it was wrong for them to attempt to set fire to the company president's house.

I love her more than anybody in the world.

this would never allow him to hit them using a stick.

１）*Of course, my girlfriend has a lot of problems. However,*

＿＿＿＿＿＿＿＿＿＿

２）*Of course, we feel sympathy for the fired employees. However,*

＿＿＿＿＿＿＿＿＿＿

３）*It is true that some players said bad things about the coach. However,* ＿＿＿＿＿＿＿＿＿＿

４）*It is true that entrance exams cannot evaluate students' critical thinking skills or problem-solving skills. However,*

＿＿＿＿＿＿＿＿＿＿

Answers **27** 28

１）*Of course, my girlfriend has a lot of problems. However, I love her more than anybody in the world.*

もちろん，ぼくの彼女にはたくさん問題がある。だけど，彼女のことは世界中の誰よりも大好きなんだ。

2) *Of course, we feel sympathy for the fired employees. However, it was wrong for them to attempt to set fire to the company president's house.*

もちろん，解雇された従業員に同情はする。けれども，会社の社長の家に火をつけようとするなんて間違っている。

3) *It is true that some players said bad things about the coach. However, this would never allow him to hit them using a stick.*

何人かの選手がコーチの悪口を言ったのは事実だ。だからと言って，そのことがコーチが選手を棒でたたいてよいことはならない。

4) *It is true that entrance exams cannot evaluate students' critical thinking or problem-solving skills. However, it is probably the best system to judge their academic skills, at least in Japan.*

入試が学生のクリティカルシンキングや問題解決能力を測定できないというのは本当だ。しかしながら，学生の学力を判断するうえでは少なくとも日本においては最善の手段だ。

 展開パターン6：比較・対照

比較・対照のパターンは，これまでに説明した5つの展開パターンより少し難しいです。比較・対照とは X と Y の2人／2つを比べて，似ている／同じ部分と異なっている部分を述べる表現方法です。本題に入る前に，基本表現を確認しておきましょう。

✦ 覚醒POINT ✦

分析・分類能力を示す展開　「比較・対照」

Quiz **28**

[　]内の語句を並べかえて，日本語の意味に合うセンテンスをつくってください。

1）エリックはチャールズより人気がある。
[*Eric / Charles / than / popular / more / is*].

2）コリンズさんはケランドさんよりもよく働く。
[*Mr. Kelland / harder / Mr. Collins / than / works*].

3）マユミの新しいだんなさんは娘さんと同い年だ。
[*daughter / Mayumi's / her / old / new / is / husband / as / as*].

4）ぼくの彼女は母親と同じくらい料理がうまい。
[*does / cooks / my / my / as / as / girlfriend / mother / well*].

5）アンドリューはジョン・レノンに外見が似ている。
[*looks / John Lennon / Andrew / like*].

6）カズヤはタツヤに外見が似ている。
[*appearance / Kazuya / Tatsuya / to / in / similar / is*].

7）キムはお姉さんとは性格面で異なる。
[*character / Kim / different / her / is / older sister / in / from*].

8）ヴィッキーの車はテッドの車とは価格が違う。
[*Vickie's / in / price / car / Ted's / and / differ*].

9）りんごと梨は形が似ている。
[*alike / are / an / an / and / in / apple / Asian pear / shape*].

10）お兄さんとは違って，ジョシュは人前で話すのが得意ではない。
[*at / in / not / speaking / unlike / is / his / good / public / brother, / Josh*].

1) *Eric is more popular than Charles.*

2) *Mr. Collins works harder than Mr. Kelland.*

　➡〈 *X is / does*＋形容詞／副詞の比較級＋*than*＋*Y*（ *is/does*）〉「*X*は*Y*より～である／～に…する」

3) *Mayumi's new husband is as old as her daughter.*

4) *My girlfriend cooks as well as my mother does.*

　➡〈 *X is/does*＋*as*＋形容詞／副詞の原級＋*as*＋*Y*（ *is/does*）〉「*X*は*Y*（が～である／…する）と同じぐらい～である／～に…する」
　これら4つの表現は中学で「比較」の項目として習う範囲。基本中の基本なので，忘れてしまった人は今すぐ覚えてください。

5) *Andrew looks like John Lennon.*

　➡*X look / is lile Y*「*X*は*Y*のように見える／ようである」

6) *Kazuya is similar to Tatsuya in appearance.*

　➡*X is similar to Y in Z*「*X*は*Y*に*Z*において似ている」

7) *Kim is different from her older sister in character.*

　➡*X is different from Y in Z*「*X*は*Y*に*Z*において異なる」

8) *Vickie's car and Ted's differ in price.*

　➡*X and Y differ in Z*「*X*と*Y*は*Z*において異なる」

9) *An apple and an Asian pear are alike in shape.*

　➡*X and Y are alike in Z*「*X*と*Y*は*Z*において似ている」

10) *Unlike his brother, Josh is not good at speaking in public.*

　➡*Unlike/Like X, Y...*「*X*と違って／のように，*Y*は…」

ライティングで比較・対照を展開するには2人／2つが何において，どのように似ているのか／違っているのかを明確に述べる必要があるので，中学で学ぶ1）～4）の基本表現に加えて，5）～10）も押さえておく必要があります。

実際に比較・対照をテキスト内で表現する際は，これらの表現を基礎に大きく分けて次の3つの展開方法が使われます。

❶ 「類似」を表わす *also, too, similarly* などを使って「*X*は～である／する。*Y*も～である／する」と展開する

❷ *while/on the other hand* を使って，「*X*は～である／する。一方，*Y*も～である／する」と展開する

❸ ❶❷を組み合わせて，類似点／共通点・相違点の双方を述べる

Quiz **29**

＿＿＿＿＿部分に入る適切なセンテンスを＿＿内から選び，1）－5）のテキスト
を完成せてください。

> *The great detective has remarkable skills to solve mysteries.*
> *However, unlike raccoons, raccoon dogs' tails do not have black and white rings.*
> *I also have won many swimming races.*
> *My father runs his own business.*
> *Kevin always needs somebody around him.*

1) *My sister and I are very alike. We are good at sports. My sister won a tennis championship when she was in high school. ＿＿＿＿*
   ＿＿＿＿＿＿

2) *Both Andrew and Kevin are from Canada, but they are totally different. While Andrew prefers to be alone, ＿＿＿＿＿＿＿＿*

3) *＿＿＿＿＿＿＿＿＿＿ Similarly, my mother works as a freelance marriage counselor.*

4) *＿＿＿＿＿＿＿＿＿＿ On the other hand, he has no common sense and does not care about other people's feelings.*

5) *Raccoons and raccoon dogs have similarities and differences. Both have black fur around their eyes. ＿＿＿＿＿＿＿＿*

Answers **29**　　　　　　　　　　　30

1) *My sister and I are very alike. We are good at sports. My sister won a tennis championship when she was in high school. I also have won many swimming races.*
   姉と私はとても似ている。私たちはスポーツが得意だ。姉は高校の時テ
   ニスの選手権を勝ち抜いた。私も水泳競技で何度も勝った。
   ➡似ていると述べる→どこが似ているのかを抽象的に述べる→似ている
   　要素を具体的に述べる

2) *Both Andrew and Kevin are from Canada, but they are totally different. While Andrew prefers to be alone, Kevin always needs somebody around him.*

アンドリューとケヴィンはともにカナダ出身だが，まったく違っている。アンドリューはひとりでいるのが好きだが，ケヴィンはいつもまわりに誰かを必要とする。

➡出身地は同じだが違う→どこが違うのかを具体的に述べる

3) *My father runs his own business. Similarly, my mother works as a freelance marriage counselor.*

父は自分の会社を経営している。同じように，母はフリーランスの結婚カウンセラーの仕事をしている。

➡自営業者としての父の仕事→業種は違うが，同じ自営業者の母の仕事

4) *The great detective has remarkable skills to solve mysteries. On the other hand, he has no common sense and does not care about other people's feelings.*

その名探偵には謎を解くための類いまれな能力がある。一方，常識がなく，他人の感情をまったく考えない。

➡名探偵の長所を述べる→名探偵の短所を述べる

5) *Raccoons and raccoon dogs have similarities and differences. Both have black fur around their eyes. However, unlike raccoons, raccoon dogs' tails do not have black and white rings.*

アライグマとタヌキには似ているところと違うところがある。両者は目を黒い毛が覆っている。しかし，アライグマと違って，タヌキの尾には白と黒の縞がない。

➡類似点・相違点がある→類似点を述べる→相違点を述べる

 展開パターン7：時系列

日記・物語や手順の説明の際は，時系列に並べます。前者は動詞は原則として

過去形を用い，後者は多くの場合，命令形（動詞の原形と同じ形）が使われます。

At first, Midori and Jill hated each other. But eventually, they became good friends.

ミドリとジルは最初いがみ合っていた。しかし，最終的には彼らは仲良くなった。

Here is how to make instant noodles. First, boil water in a pot. Second, put the noodles into the boiling water. Third, keep boiling it until the noodles get soft enough. Finally, put everything in the pot into another container and add the soup mix.

これがインスタントラーメンのつくり方です。最初に，鍋でお湯を沸かします。次に，沸騰した湯に麺を入れます。その次に，麺がやわらかくなるまで茹で続けます。最後に鍋の中の全てを別の容器に移し替えて，スープの素を入れます。

Quiz **30**

> １）－３）のテキストはセンテンスの順番を入れ替えてあります。正しい順序に並べかえてください。
>
> １）*Finally, I was selected to be a starting member in my third year. / Next, my skills gradually improved. / Then, I decided to practice harder than anybody on the team. / I joined the soccer team in high school. / First, I was the worst player.*
>
> ２）*Next, I went to see a soccer game with them. / I visited London for two weeks. / Finally, one of them told me he loved me and we went to see a movie on the next day. / On the first few days, I went to as many museums as I could. / Then, I decided to walked around and make friends with some local people.*
>
> ３）*Third, write. / First, write down as many ideas as you can. / Finally, check what you have written. / This is the best way to write an essay in English. / Second, choose which ideas to use and decide how they are organized.*

1) *I joined the soccer team in high school. First, I was the worst player. Then, I decided to practice harder than anybody on the team. Next, my skills gradually improved. Finally, I was selected to be a starting member in my third year.*

ぼくは高校でサッカー部に入った。最初, ぼくがいちばん下手な選手だった。それで, チームの誰よりも練習を一生懸命やると決めた。すると, 技術はだんだん向上した。ついには, 3年生のときに先発メンバーに選ばれるまでになった。

2) *I visited London for two weeks. On the first few days, I went to as many museums as I could. Then, I decided to walk around and make friends with some local people. Next, I went to see a soccer game with them. Finally, one of them told me he loved me and we went to see a movie on the next day.*

私は2週間ロンドンに行っていた。最初の数日はできるだけ多くの美術館めぐりをした。その後, 色々回って現地の人と友達になると決めた。そして, 仲良くなった現地の人とサッカーの試合を見に行った。最後に, そのうちのひとりに好きと言われたので, 翌日映画を見に行った。

3) *This is the best way to write an essay in English. First, write down as many ideas as you can. Second, choose which ideas to use and decide how they are organized. Third, write. Finally, check what you have written.*

これは英作文を書く最善の方法です。最初に, できるだけ多くのアイディアを書き出します。次に, 活かすアイディアを選び, 構成を決めます。次に書きます。最後に, 自分が書いたものをチェックします。

✦ 覚醒POINT ✦

手順や物語の展開 「時系列」

118

では最後に，大学入試問題を解いてみましょう。この Stage で学んだことを応用すれば，正解することができます。

Give It a Try! 1

次の5つのセンテンスはもともと1つのパラグラフを構成するものである。正しい順番を示す選択肢を選びなさい。

1. His tendency to seek definitive answers kept him from fitting in at school.
2. When he was a boy, he was curious about everything and asked a lot of questions.
3. She valued Thomas' curious nature and all of his questions, and set up a laboratory in the house so that he could devote himself to his studies.
4. His mother understood and supported him more than anyone else.
5. Thomas Alva Edison was the king of invention.

A. 2.—1.—4.—5.—3.　　B. 2.—5.—3.—4.—1.
C. 5.—3.—2.—4.—1.　　D. 5.—2.—1.—4.—3.

(東京農業大学)

Answers 1

解答：D.

　　Thomas Alva Edison was the king of invention. When he was a boy, he was curious about everything and asked a lot of questions. His tendency to seek definitive answers kept him from fitting in at school. His mother understood and supported him more than anyone else. She valued Thomas' curious nature and all of his questions, and set up a laboratory in the house so that he could devote himself to his studies.

　　トーマス・アルバ・エジソンは発明王だった。彼は子供のころ何にでも好奇心を示し，たくさんの質問をした。ズバリの答えを求める彼の性質のせいで，学校ではうまくいかなかった。母親はそんな彼を他の誰よりも理解し支えた。彼女はトー

119

マスの知りたがりの性質や疑問を持つことを評価し，彼が研究に埋没{まいぼつ}できるように家に実験室を作ったのだ。

話の流れに沿って意味が通るように並び替えた場合，最も適切なものはどれか。それぞれAからDの中から1つ選びなさい。

（東海大学・医）

1) 1. This kind of argument can be understood through the following example: "Many people love pizza because pizza is popular."
   2. "Circular reasoning" is a logical error in which the conclusion of an argument comes back to the beginning without having actually been proved.
   3. This makes the argument about pizza circular. On the other hand, "Many people love pizza because it is delicious" is a valid argument.
   4. In this example, "many people love" and "is popular" essentially have the same meaning.

   A. 2.➡1.➡3.➡4.　　B. 2.➡3.➡1.➡4.
   C. 2.➡1.➡4.➡3.　　D. 2.➡3.➡4.➡1.

2) 1. In the American legal system, civil law deals with disputes between individuals, companies, or between the two.
   2. A major distinction between these bodies of law is the degree of certainty, known as the burden of proof, needed to obtain a conviction.
   3. Criminal law, on the other hand, deals with crimes such as identity theft, tax evasion, and murder.
   4. The civil standard requires only a certainty of more than 50 percent, but the criminal standard requires proof of guilt beyond all reasonable doubt.

A. 1.➡2.➡3.➡4.　　B. 1.➡3.➡2.➡4.
C. 1.➡2.➡4.➡3.　　D. 1.➡3.➡4.➡2.

3) 1. Many people are afraid of getting a shot from a doctor or nurse because of the pain associated with needles.

2. Not only do these patches deliver medicine though the skin more efficiently than traditional needles, they also enable most people to give themselves shots more easily and painlessly.

3. Called, "microneedles," these needles are measured in microns (one micron = 0.001㎜), with hundreds of them arranged in rows on small patches.

4. Clinical tests, however, suggest that a new type of needle may soon make the pain and fear of injections a thing of the past.

A. 1.➡3.➡2.➡4.　　B. 1.➡4.➡2.➡3.
C. 1.➡3.➡4.➡2.　　D. 1.➡4.➡3.➡2.

Answers 2

解答

1) C.

　　"Circular reasoning" is a logical error in which the conclusion of an argument comes back to the beginning without having actually been proved. This kind of argument can be understood through the following example: "Many people love pizza because pizza is popular." In this example, "many people love" and "is popular" essentially have the same meaning. This makes the argument about pizza circular. On the other hand, "Many people love pizza because it is delicious" is a valid argument.

　「堂々めぐりの議論」とは議論の結論が証明されることなく最初にもどってくるという論理的欠陥のことである。この種の議論は次の例によって理解される。

「多くの人々はピザが大好きだ，なぜならピザはみんなの大好物だからだ」。この例において，「多くの人が大好き」と「みんなの大好物」とは本質的に同じことを言っている。このことはピザについての議論を堂々めぐりにしている。一方，「多くの人はおいしいからピザが好きだ」は有効な議論である。

2) B.

In the American legal system, civil law deals with disputes between individuals, companies, or between the two. Criminal law , on the other hand, deals with crimes such as identity theft, tax evasion, and murder. A major distinction between these bodies of law is the degree of certainty, known as the burden of proof, needed to obtain a conviction. The civil standard requires only a certainty of more than 50 percent, but the criminal standard requires proof of guilt beyond all reasonable doubt.

アメリカの法律システムにおいて，民法は個人間，会社間，あるいは2つの間での争いを扱う。一方，刑法は詐欺，脱税，殺人などの犯罪を扱う。これらの法体系における大きな違いは，起訴をするに必要になる確証の程度，すなわち証拠の重要性である。民法基準では50パーセント以上の確証でよいが，刑法の基準では考えられる疑いを超えた罪の証拠が要求される。
→対比に注意します。

3) D.

Many people are afraid of getting a shot from a doctor or nurse because of the pain associated with needles. Clinical tests, however, suggest that a new type of needle may soon make the pain and fear of injections a thing of the past. Called, "microneedles," these needles are measured in microns (one micron = 0.001mm), with hundreds of them arranged in rows on small patches . Not only do these patches deliver medicine though the skin more efficiently than traditional needles, they also enable most people to give themselves shots more easily and painlessly.

多くの人は，針に刺される痛みから医師や看護師に注射をされるのを怖がっている。しかし，臨床実験が示唆するところでは，新型の針ができれば，注射の痛みや恐怖は，まもなく過去のものになるかもしれない。「超微針（マイクロニードル）」

と呼ばれるこれらの針はミクロン（1ミクロンは0.001ミリ）で測定され，小さなパッチの上に何百もの列になっている。これらのパッチは従来の針よりも効果的に肌を通じて投薬するだけでなく，大部分の人はもっと簡単に痛みなく注射を打ってもらうことができる。

Give It a Try!　**3**

パラグラフのまとまりをよくするために，取り除くべきセンテンスとして最も適切なものを選びなさい。

1)

1. In most recent years, social media has had a great effect on people around the world. 2. About 43% of the world's population is under 26 years old. 3. Young people are strongly attracted to social media. 4. They have less time for personal communication because they watch so much TV. 5. It allows them to instantly share their thoughts, feelings, and opinions with others—many others, including those from different cultures. Social media, which connects billions of people around the world on a personal basis, is a powerful tool to break down borders and cultural barriers.

（産業能率大学）

2)

Students in Japan are now engaging more in practical activities and less in memorization of facts in class. Students are learning scientific principles through actual experience. 1. They do well in science in comparison with other students around the world. 2. They build electric motors using everyday goods, such as wire, magnets, and paper clips. 3. They make ice cream by hand with salt and ice. 4. Students say that they like the new studying style because it is practical as well as enjoyable and educational. It is hoped that this new method will encourage students to become more interested in science.

（センター試験）

1) 4.

➡テーマは social media と young people についてであり，テレビを見ることは関係ありません。

　近年，ＳＮＳは世界じゅうの人々に大きな影響を与えている。世界の人口の 43%
は 26 歳以下の若者である。若者は強くＳＮＳに惹きつけられている。ＳＮＳは彼ら
にすぐに自分たちの思想，感情，考えを他者と共有することを可能にする。ＳＮＳは
個人ベースで世界中の何億もの人々とつながる，国境や文化的障害を乗り越える強
力なツールだ。

2) 1.

➡実地経験から原理を学ぶと具体例である電気モーターの製作をすぐにもってくると，流れがスムー
ズになります。

　日本の学生は現在，教室でより実践的な活動に取り組んでいて，事実の暗記を
することは少なくなった。学生たちは実地経験を通じて科学的原理を学んでいる。
彼らは身の回りにあるワイヤーや磁石，クリップなどを使って電気モーターを作る。
塩と氷を手にとってアイスクリームを作る。この新しい学習スタイルは楽しくてために
なるし，実践的だから好きだと学生たちは言う。この新しい方法で，学生たちがよ
り理科に興味を持つようになることが期待されている。

Stage6

テキストタイプを
知る

英語には4つのテキストタイプがある

小学生のころ, 学校で日本語の作文を書かされたことがあるはずです。その際,「感じたままを書きなさい」「内容は自由です」と言われたことはありませんか。そして, 自由に書けるはずなのに何も書くことが思い浮かばず,「私／ぼくが…していちばん印象に残ったのは, 〜です」のような平凡で, 自分でも面白みがないと感じる作文を提出することになった経験はありませんか。

大学受験では, 和文英訳ではない, お題を与えられたライティングは「自由英作文」と呼ばれますが,「書くことが何も思い浮かばない」「日本語でも無理ゲー」と不満を述べる受験生が, 誰に聞いたのか
I think that ~. I have three reasons for my opinion. First, ~. Second, ~. Third, ~. For these reasons, I think that ~.
「〜だと思います。自分の考えには3つの理由があります。最初は, 〜です。次に, 〜です。最後に, 〜です。以上の理由から, 〜だと思います」
を自由英作文や英検のライティングの必勝テンプレートと勘違いして, それに当てはめただけの読むに耐えないものを書いてしまうという話をよく聞きます。

残念なことに, このような読むに耐えないものを書いてしまう学習者に対して, ネイティヴや英語のできる人や指導者までが,「そうだ。*I have three reasons...* じゃなくて, *There are a few reasons...* だ」や「最後の *Third,...* は普通は *Finally,...* にすべき」などと本質ではない部分を問題視しがちです。誤解を恐れずに言えば, **ライティングの入門者や初級者にとっては, 意味さえ伝われば, 表現がネイティヴにとって最も自然かどうかは, 些細なこと**にすぎません。

より大きな問題は, **英語のテキストには, 読み手に果たす目的ごとに使いわけなければいけない構成の型が複数ある**ということを知らずに, どんな内容でも1つの型に自分が書く内容を無理に当てはめようとしていることです。

英語圏のライティングには, 古典的に**テキストタイプ (構成の型) はⅠ描写系 (どんな人物・場所なのかを見ていない人にわかるように伝える), Ⅱ物語・日記系 (時系列で出来事を述べる), Ⅲ説明系 (概念やしくみを相手にわかるように伝える),**

Ⅳ意見・論述系（考えを述べて，相手にそれを納得させる）の4つがあります。前に示した *I think that ~. I have three reasons...* は，このうちのⅣしかカヴァーしないのに「尊敬する人物について書きなさい」（Ⅰに該当），「自分の成功体験を1つ述べなさい」（Ⅱに該当），「ことわざを1つ選び，説明しなさい」（Ⅲに該当）という問題にまでこのⅣの型を強引に当てはめてライティング答案をつくったところで，それが高く評価されるはずがありません。

まずは人と場所を描写できるようにする

さて，この4つのテキストタイプですが，学習する際には，Ⅰ→Ⅱ→Ⅲ→Ⅳの順番で取り組むのが無難です。まずⅠの描写ができないと，Ⅱの出来事を物語にするのは無理です。Ⅰ，Ⅱで簡単な人間の行動や出来事を述べることができないうちに，Ⅲで概念やしくみを説明しようとするのは無理があります。そして，Ⅳは単に自分の考えとその理由を2つのセンテンスで述べるならばそれほど難しくないですが，説得力のある例を挙げるにはⅠからⅢに必要な描写・説明の能力が問われます。そういうわけで，Stage 6 では，まずテキストタイプⅠ描写系として，人と場所を描写する練習をします。「身近な人」「有名人」「自分にとって大事な場所」をテーマに取り組んでみます。この3つができれば「自分に強い影響を与えた人」や「外国人の友達に見せたい場所」のような，より限定された課題にも対応できるようになります。

さて，いよいよ書く練習に取り掛かっていただくわけですが，ここからは **Writing Task**（書く課題が示される）➡ **Sample A**（理想的なサンプル答案）➡ **Outline**（**Sample A** で使われている構成案の提示）➡ **Template**（書き入れるだけで答案になるひな形の提示）➡ **Sample B**（**Template** 通りのサンプル答案）の順番で，テキストタイプごとに複数の課題に取り組むことになります。ただ漫然と答案をつくり始めたり，ただ提示された見本答案を読んでいるだけでは，ライティング力は1ミリも向上しないので，本気でライティング力を伸ばしたいのであれば次のステップを踏んでください。Stage 1 から Stage 5 まできちんとやった人ならば，この通りにやれば絶対に書けるようになります。

練習方法

1. Writing Task のお題を読みます。お題に対してどう答えるのかを考えて，出てきたアイディアをメモします。メモは日本語でも英語でも，両方のごちゃまぜでも構いません。ただし，日本語で書く場合は，メモは**単語・フレーズだけにとどめ，センテンスから成る本格的な下書きは絶対に書かないように**してください。

2. Sample A を読みます。これは，おそらくみなさんの現在の英語力・ライティング力で書ける理想の答案だと思ってください。よく読んで，必要があれば，書き写したり，音読してみてください。ただし，全文丸暗記したりする必要はまったくありません。

3. Outline を読んで，Sample A がどのような構成になっているのかを確認します。ここで必要があれば，こういう構成のもとで書いているのだ，と意識づけるために書き写したり，音読してみてください。ここでも，全文を丸暗記する必要はありません。

4. 1.でつくったメモに戻り，メモをつくり直し，自分が Writing Task のお題に対してどういう構成で書くかを考えます。書ける，と思ったら，この時点で自分の答案を書き始めてください。なお，単にメモではなく，実際に，**センテンスを書く段階では辞書，その他は書き上げるまで一切見ないで**ください。

5. 書けない人は Template を使い，空所を埋めていきながら，自分の答案をつくり始めます。「内容上，ここは Template どおりに当てはまらない」と感じたら，柔軟に考え，オリジナルを優先させてください。それでも書けない人は，Sample B を参考にして自分の答案をつくるか，Sample B を自分が書いているつもりで書き写してください。これは Template ガチガチの許容範囲ギリギリの答案見本なので，間違っても暗記をしようとはしないでください。

6. オリジナルの答案を書き上げたら，読み返して，内容・構成・文法・表現のいずれかの面でおかしいところはないかを確認し，必要があれば修正します。誰かに確認してもらったり，調べたりしても構いませんが，その前に**1回は自分が書き上げた答案を厳しい目でチェック**してください。この"自分の目でチェックする"ことをしない，あるいはできない学習者のライティング能力は伸びません。

7. 時間を置いてから，同じ課題に対してもう1度取り組みます。このとき，1.から6.のステップのうち，不要と思われる作業は自分の判断で省いてください。

✦ 覚醒POINT ✦

Ⅰ（描写系）➡Ⅱ（物語・日記系）➡Ⅲ（説明系）➡Ⅳ（意見・論述系）と，ひと通り4つのテキストタイプを経験しておく

✎ テキストタイプⅠ　描写系

Writing Task **3**

次のテーマに英語でエッセイを書いてください。

* *Describe somebody around you.*
身の回りの誰かを描写してください。
* *describe*　描写する（問題文に出てくる大事な言葉なのに，残念ながら多くの学習者がこの語を知りません。覚えてください）

Sample A　🔊32

Writing Task の理想的な答案です。よく読んで研究してください。

My Best Friend

　　My friend Andrew is a very unique person. He has long, dark, wavy hair and always wears a red beret and blue eyeglasses. Some people have asked him whether he is trying to look like John Lennon, but he has never admitted to looking like the famous music icon. He likes animals. He always carries a stuffed animal in the shape of an alpaca. As soon as he sees any creature, he starts talking to it. He will talk with cats or birds, even bugs or worms. He often says that he can trust only animals, not people. He is a bit eccentric at times, but he is an avid reader and knows a lot of things, from the history of very small countries to the latest developments in science or pop culture in the 50s. The more I get to know him, the more interesting he seems.

ぼくの親友

　友達のアンドリューはとても特徴のある人です。彼は長くて，濃いウェーブのかかった髪をしていて，いつも赤いベレー帽をかぶり，青い眼鏡をしています。ジョン・レノンを意識しているのかと彼に尋ねた人もいますが，有名な音楽界のスーパースターのように見せようとしていると彼が認めたことはありません。彼は動物が好きです。彼はいつもアルパカの形をしたぬいぐるみを持ち歩いています。何か生き物を見ると，すぐに話しかけます。猫や鳥と話すのはもちろん，虫やミミズとさえ話をします。彼は動物だけが信頼できる，人間は信頼できないんだ，とよく言います。彼はときどきちょっと変わっていますが，読書家で小国の歴史から科学の最前線や 50 年代のポップカルチャーまでいろいろなことを知っています。彼について知れば知るほど，面白い人だな，と思えてきます。

Outline

「人物描写」は冒頭で❶誰について書くのかを明かし，→❷外見的特徴（容姿・ファッション）と→❸性格的特徴を述べたうえで，→❹最後にその人物の最もユニークな点あるいは自分にとってその人物が特別である点を述べる，というのが基本構成です。原則，動詞は現在形を使います。下の英語の質問に順番に答えると大体のものを書き上げることができます。

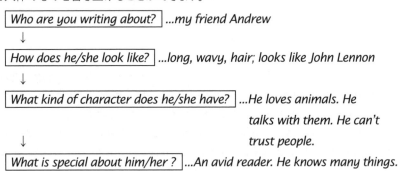

Who are you writing about? ...my friend Andrew
↓
How does he/she look like? ...long, wavy, hair; looks like John Lennon
↓
What kind of character does he/she have? ...He loves animals. He talks with them. He can't trust people.
↓
What is special about him/her ? ...An avid reader. He knows many things.

(Template)

実際に自分の答案をつくってみましょう。どうしても書けない場合は、このテンプレートにしたがって書いてみてください。

_____ (*name*) *is my* _____ (*friend /*
brother/...) . *He / She is / looks* _____ . *He / she has*
_____ . *He / She often wears*
_____ *and* _____. *Everybody / People*
around him / her feel(s) that he/she is _____.
He / She is very _____ . *For example, he / she* _____
_____
_____.
Unlike most other people, he / she _____.
He / She _____.
_____
_____.

(Sample B)   🔊))33

テンプレートどおりにつくったもうひとつのサンプルも、参考までに挙げておきます。

My Sister Moe

Moe is my younger sister. She is very tall and skinny. She has a cute, angular face and long legs like a pair of skis. She often wears a simple white or gray T-shirt and blue jeans. Everybody feels that she is very fashionable and looks like an actress or model. She is honest and sometimes too direct. For example, most Japanese girls humbly say, "No way!" when somebody says, "You look great!" to them. However, Moe says, "I know. Thanks!" in such cases. Unlike most other people, she does not care much about how people normally behave. Moe acts upon what she feels right or wrong. She makes friends with people she likes to be with, not people who look cool. People at her school seem to think she is strange, but I am proud of my sister and even envy her directness.

私の妹モエ

　モエは私の妹です。とても背が高く，すらりとしています。彼女は可愛らしいほっそりした顔とスキー板のような長い脚をしています。彼女はよくシンプルな白かグレーのＴシャツにブルージーンズを履いています。誰もがとてもおしゃれで女優やモデルのようだと思っています。彼女はとても素直でときどき直接的すぎます。例えば，日本人の女の子ならば，誰かに「すてきですね」と言われても，「そんなことないですよ」と謙遜して返すのが普通です。でも，そういう場合モエは「知ってる。ありがとう！」と答えます。他の人と違って，彼女は人は普通どう行動するかにあまり関心がありません。正しいか間違っているかは自分の感覚で行動します。いけている人ではなく，一緒にいたい人と友達になります。彼女の学校の人たちはモエのことを変だと思っているらしいですが，私はそんな妹を誇りに思っていますし，彼女のストレートさをうらやましくさえ思います。

Writing Task 4

次のテーマに英語でエッセイを書いてください。

Describe one famous person.
有名な人をひとり描写してください。

Sample A 🔊))34

Writing Task の理想的な答案です。よく読んで研究してください。

Billie Eilish

　Billie Eilish is a 20-year-old American pop singer. She writes and sings a lot of hit songs. She is also good at showing her artistic side and her perception of the world through her music videos. She is quite different from other young people at her age. She is not interested in looking fashionable or attractive and because of that, she always wears baggy clothes. In addition, unlike a majority of pop idols in Japan, who refrain from being vocal about social issues, she expresses her honest opinions about politics.

ビリー・アイリッシュ

　ビリー・アイリッシュは 20 歳のアメリカ人のポップス歌手です。彼女はたくさんのヒット曲を書いています。彼女はまた，自分の音楽映像を通じて美意識と世界観を見せることに長けています。彼女は同年齢の他の若者たちと異なっています。彼女はおしゃれで魅力的な女性として認識されることに関心がありません。そのため，いつもぶかぶかの服を着ています。加えて，日本のアイドルは社会問題に対して意見を述べることを差し控えていますが，彼らとは違って，政治への率直な意見を表明します。

[Outline]

「有名人」を描写するときも基本構成は「身近な人」とそれほど変わりませんが，❶誰について書くのか名前を出した後は❷その人を知らない人にわかるように「基本情報」を挙げてから，❸「その人の際立った特徴」をいくつか挙げるとうまくいきます。

Sample A での **Task** に対する考え方・構成をざっとメモにするとこんな感じです。

| Who are you writing about? | ... *Billie Eilish, an American pop singer*
　　　↓
| What does she/he do? | ... *writes and sings songs; artistic, perception of the world*
　　↓
| What is unique about her/him? | ... *She doesn't try to look attractive ; vocal about social issues*

実際に自分の答案をつくってみましょう。どうしても書けない場合は，このテンプレートを使って書いてみてください。

_____ is a / an _____-year-old _____. She / He _____
_____ . She / He _____
_____ .
She / He is quite unique / different in / from _____ . She / He
_____ .
_____ .
In addition, unlike _____ , she / he _____
_____
_____ .

Sample B   🔊))35

テンプレートどおりにつくったもうひとつのサンプルも，参考までに挙げておきます。

Masaki Suda

Masaki Suda is a 30-year-old actor. He has been in many movies and television dramas. He is quite unique in how he has built his career. First, he won an audition to be a model for a fashion magazine. Then, he got a starring role in a popular TV drama for children. Next, he started acting in movies. After that, he became a singer. It is common for popular singers to appear in TV or movies, but the other way around is extremely rare. In addition, unlike other young, popular actors in Japan, he has acted different types of roles, and whenever he appears in a new movie, he changes his hair style.

菅田将暉

　菅田将暉は 30 歳の俳優です。彼は多くの映画やテレビドラマに出演してきました。彼は，経歴の積み方が極めて異色です。最初は彼はあるファッション雑誌の

モデルになるオーディションで選ばれました。その後，子供向けの人気ドラマの主役に抜擢されました。それから，映画に出演し始めました。その後，彼は歌手になりました。人気歌手がテレビや映画に出るのはよくあることですが，その逆はきわめてまれです。加えて，他の日本の人気若手俳優とは違って，彼は異なるタイプの役を演じて，新しい映画に出るたびに髪型を変えています。

Writing Task 5

次のテーマに英語でエッセイを書いてください。

Choose one place that is important to you and describe it.
あなたにとって大事な場所をひとつ挙げて描写してください。

Sample A　　　　　　　　　　　　　　　　　　　　🔊))36

Writing Task の理想的な答案です。よく読んで研究してください。

A Place I Can Relax

A few blocks from my house, there is a shabby café run by a neighbor. I go to this café two or three times a week. I hardly see any customers there. Mr. Asada, the owner, is usually sitting at a table in the corner, reading a book. Behind the counter, his daughter Mariko is making coffee. The coffee she makes smells different each day. Mariko is a college student, and she talks of her campus life and often teaches me math and English. Mr. Asada plays the guitar and sings some old songs for me. After he finishes playing, he always complains about his ex-wife who left him. Although this place is not popular and the coffee served there is not exactly good, I prefer this café to other chain coffee places because I can relax and I like the strange owner and his friendly daughter.

ぼくが落ち着ける場所

　ぼくの家から数ブロックのところに，近所の人が経営している安っぽい喫茶店があります。ぼくはこの喫茶店に週2，3回は通っています。そこにはほとんどお客さんはいません。マスターのアサダさんはたいてい隅のテーブルで本を読んでいます。カウンターでは娘のマリコさんがコーヒーを淹れています。毎日，彼女が淹れるコーヒーは違う匂いがします。マリコさんは大学生で，大学生活について話してくれるし，よく数学や英語をぼくに教えてくれます。アサダさんはギターをひいて，古い歌をぼくのために歌ってくれます。演奏し終わると，逃げられた奥さんの文句ばかり言っています。この場所は人気がないし，出てくるコーヒーもおいしくはないのですが，ぼくはこの喫茶店が他のチェーンの店よりも好きです。落ち着けるし，変なマスターや彼の気さくな娘さんが好きなのです。

Outline

場所の描写の基本構成はこんな感じです。最初に❶喫茶店なのか，公園なのか，自分の部屋なのか，場所を挙げて，それがどこにあるのかを書きます。そのうえで，❷ざっくりとそこでパッと目につくものを挙げます。その後，❸具体的にその場所を描写します。あまり**主観的なことは避け，読む人の五感に訴えるような描写**を目指します。❹そして，その場所が自分にとってどんな意味があるのかを述べます。

Sample A での **Task** に対する考え方・構成をざっとメモにするとこんな感じです。

What place are you writing about? Where is it?	… *A shabby café; a few blocks from my house*
↓	
What do you find there?	… *Hardly see any customers; The owner reading a book. Mariko is behind the counter.*
↓	
What do you see/feel/smell/hear/taste there?	… *Mr. Asada's old songs; His complaint about his ex-wife Mariko makes coffee that smells different each day, not good.*
↓	

Why is the place important to you? ... I can relax. I like the owner and his
daughter.

Template

実際に自分の答案をつくってみましょう。どうしても書けない場合は，このテンプ
レートを使って書いてみてください。

_____ there is a _____ . I go there _____ .

It is _____ . It has _____

_____ .

In this place, I / you (can) feel / taste / smell / hear / see _____ .

_____ .

Also, I / you (can) _____ there.

_____ .

This place is important / special for / to me because _____ .

_____

Sample B   🔊))37

テンプレートどおりにつくったもうひとつのサンプルも，参考までに挙げておきます。

A Secret Place

A few blocks from my high school, there is a small park. I go
there once or twice a week. It is not a good place for children to play. It
has no slides, jungle gyms, or even sand, and only one bench is in a
corner of this tiny space. In this place, you can feel really alone. No kids
play there. Some business people used to smoke there, but they have
stopped coming after the ashtray was removed. Also, you can see
different kinds of people and buildings from the bench. The park is
located on the top of a hill and faces the whole town. This place is
special for me because it helps me forget any bad feelings. After I sit on
the bench for about half an hour, my worries or angers go away, and I
can get back to normal. Nobody knows I am using this secret place to
control my emotions.

秘密の場所

　高校から数ブロック歩いたところに，小さな公園があります。私は週に１，２回そこに行きます。この公園は子供が遊ぶには良い場所ではありません。滑り台もジャングルジムも砂場さえありません。ベンチが１つ小さなスペースの隅にあるだけです。この場所では本当に自分一人だと感じることができます。ここで遊ぶ子供はいません。タバコを吸うサラリーマンが以前はいましたが，灰皿が撤去されてから来なくなりました。また，ベンチから，いろいろな人や建物を見ることができます。この公園は丘の上にあり，町全体を臨んでいるからです。この場所が私にとって特別なのは，悪い感情をすべて忘れさせてくれるからです。30分ほどベンチに座っていると，悩みや怒りは飛んでいき，普段の状態に戻ることができます。私がこの秘密の場所で自分の感情をコントロールしていることを誰も知りません。

✦ 覚醒POINT ✦

**テキストタイプⅠ　描写系では
対象がどのようなものであるか述べる**

 テキストタイプⅡ　物語・日記系

テキストタイプⅠ描写系の次は，テキストタイプⅡ物語・日記系に取り組みます。Stage 2の最後で, 毎日英語で日記を書くようにお願いしましたが, 続けていますか。続けている人は，自分の知っている基本的な単語を使って，起こった出来事を表現することがかなりできるようになっているはずです。それでは，英語が苦手だと感じているにも関わらず，ここまで英語で日記を１回も書かなかった人には厳しいことを言いますが，**ライティング力を伸ばす気があるならば，この本の１番最初か最低でも Stage 2 まで戻ってやり直して**ください。どのようにこの本を使うかは自由ですが，この本はタスクをこなすことでスキルが身につくように仕掛けがしてあります。ざっと読んだだけで「書けるようにならない」と感じている人は「自分から効果がでない学習をわざと趣味でしているのだ」ということを意識してください。

テキストタイプⅡ　物語・日記系の基本構成

自分の体験を物語としてまとめるときの基本構成は至ってシンプルです。**❶まず何の話をするのかを冒頭で述べる→❷出来事の始まりを述べる→❸途中で何が起きたのかを述べる→❹どう出来事が終わったかを述べる→❺最後にその出来事・体験がもつ意味（自分が学んだこと／伝えたこと）でまとめ**ます。❶から❹までは時系列で述べて，時制は**原則として過去形**にします。要求されているスキルは，動作・出来事を表わす動詞の過去形と時や場所，順番を表わす語句を使ってコンパクトなセンテンスを重ねられることです。上で厳しいことを書いたのも，結局，物語・日記系にはテキストタイプ特有の決まった文構造や表現が少なく，書いた経験がモノを言うからです。

Writing Task **6**

次のテーマに英語でエッセイを書いてください。

Write about your best memory in high school.
高校でのいちばんの思い出について書いてください。

Sample A 　　　　　　　　　　　　　　　　🔊))38

Writing Task の理想的な答案です。よく読んで研究してください。

My Favorite High School Memory

　　A chorus competition in my third year of high school was the most exciting moment in my high school life. In the fall of my second year, I was chosen to be the chorus leader. At first, I did not know how to lead others in the chorus and focused on improving my skills. Although I had felt that things were not going well, I did not do anything. Then, some members came to me and asked me to change my behavior. This focused my attention and led me to decide to change myself. I started communicating with each member of the chorus in person, and this helped us work as a team. Next, I showed them our goal—winning first prize at the prefectural chorus competition. This looked like a very challenging goal, but everybody agreed to aim for it. Finally, we achieved success. Although we could not get the top prize, we still received an award at the competition. This experience taught me the importance of leading others and working together as a team.

高校時代最高の思い出

　高校３年のときの合唱大会が，私の高校生活でも最もワクワクする瞬間でした。２年の秋に，合唱部の部長に選ばれました。最初は，どうやって他の部員を導いたらよいのかわからず，自分の技術を向上させることに集中していました。何かうまくいっていないと感じてはいたのですが，何もしませんでした。すると，何人かの部員が私のところに来て，私に行ないを改めてほしいと言いました。これがきっかけで私は注意を払い，それが自分を変えようという決断につながりました。合唱部部員のひとりひとりと直接コミュニケーションをとるようにすると，これがチームとして行動する助けになりました。次に，私は部員に目標を示しました。県のコーラス大会で１等をとるのだと。これは厳しい目標のように思えましたが，みんなそれを目指すことに同意しました。最終的に，私たちは成功しました。１位は無理でしたが入賞したのです。この経験は人を率いて，チーム一丸で行動することの大切さを私に教えてくれました。

[Outline]

Sample A での **Task** に対する考え方・構成をざっとメモにするとこんな感じです。

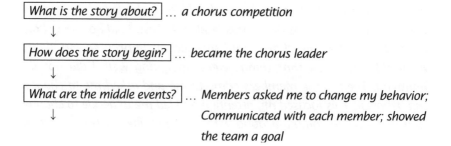

[What is the story about?] ... *a chorus competition*
↓
[How does the story begin?] ... *became the chorus leader*
↓
[What are the middle events?] ... *Members asked me to change my behavior; Communicated with each member; showed the team a goal*

How does the story end? … got an award

↓

What did you learn from this experience? … leading others ; working
together as a team

Template

実際に自分の答案をつくってみましょう。どうしても書けない場合は，このテンプ
レートを使って書いてみてください。

_____ is my best high school memory. First, _____
_____ .

Next, _____ .
_____ .

Then, _____ .
_____ .

After that, _____ .
_____ .)

Last, _____ .
_____ .

This experience taught me that / I learned from this experience that _____
_____ .

Sample B 🔊))39

テンプレートどおりにつくったもうひとつのサンプルも，参考までに挙げておきます。

A Band with Classmates

Forming a band is my best high school memory. First, I thought there were too many members in the light music club at school, so I decided to form a band myself. Next, I chose to work with my classmate Koki after I heard him humming my favorite song during recess. We could write songs, but neither of us had a beautiful voice. Then, something surprising happened. Wakana, who we had heard wild

141

rumors about, asked us to let her join our band. Koki and I wondered whether to welcome this girl with blue-dyed hair because we were scared of rumors that said she had punched many teacher's faces and was dating a drug dealer. She told us those rumors were not true and begged us to let her in, so then we decided to trust her. After that, everything worked well. We found that Wakana was a girl with a pure heart. More importantly, her amazing voice made our band special. Last, we drastically improved our skills through hard practice, and we started performing at school festivals or music clubs. This experience taught me that it is tough to start something yourself, but you will gain confidence and satisfaction after you complete it.

クラスメイトとのバンド活動

　バンドを結成したことが高校時代の最高の思い出です。まず，学校の軽音楽部に部員が多すぎると思ったので，自分でバンドを結成することしました。次に，クラスメイトのコウキと一緒にやることにしました。休み時間にぼくの大好きな曲をハミングしているのを聞いたのです。ぼくらは曲を書くことはできましたが，2人とも良い声をしていませんでした。そのとき，驚くべきことが起こりました。何かと悪い噂のあったワカナがぼくらのバンドに入れてほしい，と頼んできたのです。コウキとぼくはこの青い髪の女の子を受け入れるかどうか迷いました。たくさんの先生の顔をなぐったとか，麻薬ディーラーとできているという噂に震え上がっていたからです。でも，彼女はそれらはデマで，どうしてもバンドに入れてほしいとぼくらに頼むので，彼女のことばを信用することにしました。それから後，すべてがうまくいきました。ワカナは純粋な心を持った女の子だとわかりました。もっと重要なことに，彼女はすばらしい声をしていて，それがぼくらのバンドの特徴になりました。最後に，きつい練習を重ねて技術をメキメキと上達させ，学園祭やライブハウスで演奏するようになりました。この経験を通じて，何かを自分で始めるのは大変ですが，それを成し遂げた後には自信と満足感が得られるということを学びました。

Writing Task 7

次のテーマに英語でエッセイを書いてください。

Write about one mistake you made in the past.
過去にした過ちについて書いてください。

 40

Sample A

Writing Task の理想的な答案です。よく読んで研究してください。

My Biggest Mistake

    I made a big mistake when I was in high school. I broke a promise I gave to my best friend. First, both my best friend Junko and I did not have boyfriends. Then, we decided to go on a one-night, two-day trip to a nearby hot spring together for Christmas. Junko told me that she would make a reservation and I would have to let her know as soon as possible if something came up. I thought nothing would occur at the moment and did not think too deeply about what she had said. However, something surprising happened. The boy I had secretly admired broke up with his girlfriend and asked me on a date on Christmas. With joy, I said yes to his offer right away, but more importantly, I forgot to tell Junko to cancel the reservation. In the end, I got what I deserved. I could enjoy going out with my crush for that one day, but I lost my best friend. Junko told me she would not have gotten mad if I had let her know, but this mistake caused an awkwardness between us that ended our friendship. I had made a huge mistake.

私の大失敗

  高校時代，私は大きな過ちを犯した。親友とした約束を破ってしまったのだ。最初，親友のジュンコも私も彼氏がいなかった。それで，私たちはクリスマスに近場の温泉に1泊2日で一緒に旅行することを決めた。ジュンコは私に自分が予約を入れるから，何かあったらすぐに知らせるように言った。この時点では何も起こるとは思えず，彼女が言ったことを深く考えていなかった。しかし，驚くべきことが起こったのだ。私が密かに憧れていた男の子が彼女と別れて，私にクリスマスのデートを申し込んできたのだ。大喜びで彼の誘いにすぐ応じた。でも，もっと重要なことに，私はジュンコに予約を取り消すように連絡するのを忘れたのだ。結局，私は自分の行為に見合うものを得た。その日1日だけ憧れの人とのデートを楽しむことはでき

143

たが，親友を失ってしまった。ジュンコは私に，知らせてさえくれたら怒らなかったのに，と言ったが，この過ちは私たちの間に気まずさを引き起こし，彼女との友達関係は終わってしまった。私はとんでもない失敗をしてしまったのだ。

Sample A での **Task** に対する考え方・構成をざっとメモにするとこんな感じです。

What is the story about? … broke a promise to a friend
   ↓
How does the story begin? … decided to go on a trip together on Christmas.
   ↓
What are the middle events? … A boy I had a crush on asked me out. I forgot
   ↓   to ask Junko to cancel the trip.
How does the story end? … lost my best friend
   ↓
What did you learn from this experience? … I got what I reserved.

Template

実際に自分の答案をつくってみましょう。どうしても書けない場合は，このテンプレートを使って書いてみてください。

I made a big mistake (when) _____. / _____
_____. First, _____
_____.
Next, _____.
_____.
Then, _____.
_____.
(After that, _____.
_____.)
Finally, _____.
                                                        .

This mistake taught me that / I learned from this mistake that _____
_____ .

Sample B 41

テンプレートどおりにつくったもうひとつのサンプルも，参考までに挙げておきます。

Two Weeks Wasted

I made a big mistake when I was in my second year at high school. I wasted a rare opportunity. First, I applied for a two-week study abroad program through my school only because a few of my friends had done so. Next, I was surprisingly selected to be one of the twenty students who would go to Sydney. My friends envied me, but I didn't take this chance seriously. Then, unlike the other selected students, I did not e-mail my host family or study English phrases before we left for Sydney. I only packed my things one day before the flight. After that, this lack of preparation made my two weeks in Sydney miserable. The other students had a good time with their host families and made a lot of friends at the high school we went to. However, since I had not shown any interest in my host family until I was sent to their home, I couldn't develop a good relationship with them. I could not talk with Australian students at school. Finally, the difference between the other students and I got even bigger after we returned. They remained connected to people in Sydney online and have positive attitudes about English. On the other hand, my two weeks made me afraid of English and foreign countries. I learned from this mistake that preparation is important.

無駄に過ごした２週間

高校２年生のときに私は大きな失敗をしてしまった。私は貴重な機会を無駄にしてしまったのだ。最初，私は，学校の２週間の留学プログラムに友達の何人かがそうしていたからという理由だけで申し込んだ。次に，驚くことに，シドニーに行く20人の学生のひとりとして選ばれた。友達にうらやましがられたが，この機会を真面目に考えていなかった。それで，他の選ばれた学生とは違って，ホストファミリー

145

にEメールを送ったり，シドニーに出発する前に英語のフレーズを勉強したりはしなかった。フライトの前日に荷物をまとめただけだった。その後，この準備不足が私のシドニーでの2週間を酷いものにした。他の生徒はホストファミリーと楽しく過ごし，私たちが通った学校でたくさんの友達を作った。しかし，私は，彼らの家に送られる前にホストファミリーに何の興味も示さなかったので，彼らと良い関係は築けなかった。学校では，オーストラリアの学生と話をすることができなかった。最後に，他の学生たちと私の違いは戻ってからより大きくなった。他の学生はまだオンラインでシドニーの人たちとつながっていて，英語に対して肯定的な態度を持っていた。それに対して，私はこの2週間のせいで，英語や外国を恐れるようになってしまった。この間違いから，準備は重要だということを学んだ。

Writing Task 8

次のテーマに英語でエッセイを書いてください。

Write about when you experienced something for the first time.
何かを初めて経験したときのことを書いてください。

Sample A 🔊42

Writing Task の理想的な答案です。よく読んで研究してください。

Working Experience

Just a short while after I entered high school, I started working at a convenience store in my neighborhood. Before that, working at a convenience store seemed pretty easy. However, I was totally wrong. At first, I could not even greet customers loud enough. Also, I found that clerks at convenience stores have to do so many different things in a short amount of time. Serving at a cash register, cleaning the bathroom, and putting goods on shelves—doing all of these is not at all easy. I often felt frustrated by the feeling that I was not doing good enough. The store owner and fellow clerks were extremely nice and supported me many times. After half a year had passed, I learned to do most things there. More importantly, learning to speak to new people and finishing tasks on time had a very positive effect on my life at school. I made a lot of friends and could join in discussions without hesitation. Although I started this job to earn money, it offered me much more in return.

勤労体験

　高校に入ってしばらくしてから，私は近所のコンビニエンスストアで働き始めた。それまでは，コンビニエンスストアでの勤務なんてすごく簡単だと思っていた。でも，私は完全に間違っていた。最初，私は大きな声でお客さんにあいさつすることさえできなかった。また，コンビニエンスストアの店員というのは限られた短い時間の中でとても多くの異なることをしなければならないことに気づいた。レジでの接客，トイレ掃除，商品の棚入れ―これら全部をやるのは全然簡単ではない。私は自分が十分にできていないことでよく苛立った。店長と他の店員さんはとてもやさしく，私を何度も助けてくれた。半年もたつと，たいていのことはできるようになった。より大事なことに，新しい人に話しかけたり，仕事を時間通りに終わらせることが学校生活でとてもよい効果をもたらした。たくさんの友達ができ，議論にもためらわずに参加できるようになった。お金を稼ぐために始めたこの仕事だが，もっと大事な見返りを得ることができた。

Outline

Sample A での **Task** に対する考え方・構成をざっとメモにするとこんな感じです。

| What is the story about? | … *start working at a convenience store* |

↓

| How does the story begin? | … *I thought working there was easy, but I could not greet loud enough first.* |

↓

| What are the middle events? | … *felt frustrated. With the store owner and fellow clerks' help, I learned most things. Learned to speak to new people. It had a positive effect on my school life.* |

↓

How does the story end? ... *made a lot of friends and could join in discussions.*

↓

How do you feel about this experience? ... *It offered me much more than money.*

Template

実際に自分の答案をつくってみましょう。どうしても書けない場合は，このテンプレートを使って書いてみてください。

When I was _____ , _____.
_____ , *and I started* _____
_____ . *First,* _____
_____ .
Next, _____
_____ .
Then, _____
_____ .
(*After that,* _____
_____ .)
Finally, _____
_____ .
I learned from this experience that / This experience taught me that _____
_____ .

Sample B   🔊))43

テンプレートどおりにつくったもうひとつのサンプルも，参考までに挙げておきます。

Living Alone with My Father

When I was 12 years old, my parents divorced. My mother left for her new boyfriend, and naturally I started living alone with my father. First, I did not like every single part of this new life. My father came home earlier, but what he cooked tasted extremely bad. All my *friends felt sorry and were nice to me, but this frustrated me somehow. Next, I decided to accept my situation and take it positively. I began learning to cook with my father. I found cooking fun. Then, I realized that living alone with my father was not too bad. I preferred playing soccer and basketball with boys to chatting with girls, and my mom always told me to behave like a lady. My father did not try to change me, so I could be myself. Finally, I got used to living alone with my father and got ready to accept any new change. My father recently told me that he got a girlfriend. I don't know if he wants to marry her in the future, but if so, I am ready to accept it. I learned from this experience that if you stay positive, you can get over most difficulties.*

父とのふたり暮らし

　私が 12 歳のとき，両親が離婚しました。母は新しい男の人のもとに行ったので，当然私は父とふたりだけで暮らすことになりました。最初は，この新生活のすべてが嫌いでした。父は早く帰ってくるようになったのですが，父が作る料理はひどくまずかったです。友達はみんな同情してくれて，やさしくしてくれましたが，どういうわけかそれがいらいらしました。それでも，状況を受け入れて，肯定的にとらえるようにしました。私は父と一緒に料理を学び始めました。料理は楽しいと気づきました。それから，父との暮らしはそれほどひどいものではないことがわかりました。私は女の子とのおしゃべりよりも男の子たちとサッカーやバスケットボールをするほうが好きだったのですが，母はいつも私に女の子らしくするように言っていました。父は私を変えようとはしなかったので，ありのままの自分でいることができました。とうとう，父との暮らしに慣れて，新しい変化を受け入れるまでになりました。父は最近彼女ができたことを教えてくれました。父がその女性と将来結婚したいと思っているのかどうかわかりませんが，もしそうだとしても，喜んで受け入れるでしょう。この経験から学んだことは，肯定的に物事を考えていれば，ほとんどの苦難は乗り越えられるのだということです。

✦ 覚醒POINT ✦

テキストタイプⅡ　物語・日記系は「何が起こったのか」を「時系列」で述べる

テキストタイプⅢ　説明系

読み手がわかるようにモノ・コトを説明するテキストタイプⅢ説明系は，「一般的説明」だけでなく，「比較・対照」や「問題解決」など，Stage 5 で学んだ展開パターンの知識を使って説明することもあります。

 ## テキストタイプⅢ　説明系の「一般的な説明」

テキストタイプⅢ説明系でもっともよく使われる「一般的な説明」の方法は，❶まずトピックを取り上げた後は，❷分類して，各項目を列挙することです。「列挙」とはその名が示すとおり，並列に順番に挙げていくことです。

Writing Task 9

次のテーマに英語でエッセイを書いてください。

Explain something related to <u>environmental</u> issues in your country.
あなたの国の環境問題に関することを説明してください。

Sample A 🔊))44

Writing Task の理想的な答案です。よく読んで研究してください。

Electricity in Japan

Electricity can be generated by different kinds of energy sources. According to 2021 data, about 30 percent of Japan's electricity is generated by natural gas, and more than 25 percent is generated by coal. In addition to these two, solar and hydroelectric power provide between 8 and 9 percent. Nuclear power used to represent about 25 percent of the total, but since the 2011 Great East Japan Earthquake *and the Fukushima nuclear disaster, it has greatly declined and it currently represents about 5 percent. Oil still provides a few percentage points of the total, but its share has been declining.*

日本の電力

　電気はさまざまなエネルギー源から生み出されている。2021 年の資料によると，日本の電気の約 30％は天然ガスによるもので, 25％以上は石炭から生まれている。これら 2 つに加えて， 太陽光発電と水力発電が 8 − 9 ％である。原子力はかつて全体の 25％ほどをまかなっていたが， 2011 年の東日本大震災と福島の原発事故以降は， 大きく減少し， 今は 5 ％ほどである。石油は全体の数％をいまだに供給しているものの， 割合は減少中だ。
(Data is taken from: https://www.isep.or.jp/en/1243/)

Outline

Sample A での **Task** に対する考え方・構成をざっとメモにするとこんな感じです。

What is the topic about? ... *How electricity is generated in Japan.*
↓
- What is the first points? ... *Natural gas*（30%）
↓
- What is the second point? ... *Coal*（25%）
↓
- What is the third point? ... *Solar and hydroelectric*（8-9%）
↓
- What is the fourth? ... *Nuclear*（5%, but used to be 25% before the earthquake）
↓
- What is the fifth? ... *Oil*（Just a few %）

実際に自分の答案をつくってみましょう。どうしても書けない場合は，このテンプレートを使って書いてみてください。

_____.
There are a few _____.
First, _____.
This / For example, / It includes _____
_____.
Second, _____.
This / For example, / It includes _____
_____.
Third, _____.
This / For example, / It includes _____
_____.

Sample B   🔊))45

テンプレートどおりにつくったもうひとつのサンプルも，参考までに挙げておきます。

Using Less Plastic

    Using less plastic can save the environment. In Japan, there are a few things people can do to use less plastic. First, they can bring their own bags when they go shopping. This will reduce plastic bags at stores. Second, companies can use materials other than plastic. For example, more and more cafés and restaurants use paper instead of plastic for spoons, forks, and straws. Third, more and more recycled plastic can be used to make things. This includes water bottles, pens, and even some clothes.

プラスティックの利用削減

　プラスティックの利用を削減することは，環境を守ることにつながります。日本

では，プラスティック利用削減のためにできるいくつかのことがあります。第1に，人々は買い物に行くときにマイバッグを持参することができます。これは，店でのビニール袋を削減します。第2に，企業ができることとして，プラスティック以外の原料を使うことがあります。例えば，スプーンやフォークやストローに，プラスティックの代わりに紙を使う喫茶店やレストランが増えています。第3に，再利用プラスティックの使用量がどんどん増えています。飲み物の容器，ペン，さらには服などもこれに含まれます。

 ## テキストタイプⅢ　説明系の「比較・対照」

「比較・対照」は，Stage 5展開パターン6：比較・対照でも扱われましたが，2つを比べてどこが似ていてどこが違うのかをひとつのテキストにまとめます。

Writing Task 10
次のテーマに英語でエッセイを書いてください。

Choose two things and write about their similarities and differences.
2つのものを選び，その類似点と相違点について書いてください。

Sample A ◀))46

Writing Task の理想的な答案です。よく読んで研究してください。

Tokyo vs. Osaka

　　Tokyo and Osaka are two big cities in Japan. There are a few similarities and differences between them. They are similar in that both have many historical places, famous companies, and the ability to foster new fashion and cultural trends. However, each area is very different in terms of what people are like. In Tokyo, most people are quiet and reserved. They are not unfriendly, but they feel it uncomfortable to talk about personal things with new people. On the other hand, people in Osaka love talking to new people. They also like making jokes. They even love to make fun of themselves to entertain others.

東京と大阪

　東京と大阪は日本の2大都市です。両者にはいくつかの類似点と相違点があります。ともに多くの史跡，有名企業，新しいファッションや文化的トレンドを生み出す力があることにおいて似ています。しかしながら，人の雰囲気という点ではそれぞれの地域には大きな違いがあります。東京では，たいていの人は物静かで控えめです。敵意があるというわけではないのですが，知らない人と個人的なことを話すのは，快く感じません。逆に，大阪の人は知らない人と話すのが大好きです。彼らは冗談を言うのも好きです。自分を笑い物にして，相手を楽しませるのさえ大好きです。

Outline

Sample A での **Task** に対する考え方・構成をざっとメモにするとこんな感じです。

| What do you compare and contrast? | ... *Tokyo and Osaka*
↓

| What are their similarities? | ... *historical places, companies, abilities to create fashion and trend*
↓

| What are their differences? | ... *what people are like ; Tokyo people are quiet and reserved and do not like to talk about personal things with new people; On the other hand, Osaka people love to talk to new people, make jokes with them, and make fun of themselves.*

154

Template

実際に自分の答案をつくってみましょう。どうしても書けない場合は，このテンプレートを使って書いてみてください。

_____ and _____ are two (of the) _____. There are some similarities and differences between the two. The two are similar in _____. _____. However, they are different in _____. _____, while _____.

Sample B
 🔊 47

ほぼテンプレートどおりにつくったもうひとつのサンプルも，参考までに挙げておきます。

Soccer vs. Futsal

Soccer and futsal are two popular sports played for fun. There are some similarities and differences between the two. On the surface, the two sports look similar. In both, players kick the ball and aim at a goal defended by their opponent. However, the sports are different in where they are played and by how many people are on each team. Soccer is played with 11 players on a large, outdoor field, while futsal is played indoors with 5 players on a small court.

サッカーとフットサル

サッカーとフットサルは趣味でやるスポーツの中で人気の2つです。2つのスポーツには似た点と異なっている点があります。一見したところ，2つは似ています。どちらも競技者がボールを蹴り，相手チームの守るゴールを目指します。しかし，競技する場所，そして1チームの競技人数において違いがあります。サッカーは11

人で大きな屋外の競技場で競技するのに対して，フットサルは小さなコートで5人で，室内で競技します。

 ## テキストタイプⅢ　説明系の「問題解決」

ある問題を述べてから，その解決策を示す「問題解決」型を使うタスクも度々出現します。問題解決型のライティングでは，❶最初に問題を述べる→❷問題の背景や状況の詳細を述べる→❸1つ目の解決策を述べる→❹その解決策を説明する→❺2つ目の解決策を述べる→❻その解決策を説明する…のように展開していきます。

Writing Task **11**

次のテーマに英語でエッセイを書いてください。

Identify one problem and give solutions to it.
問題を1つ取り上げて，解決策を示してください。

Sample A 🔊 48

Writing Task の理想的な答案です。よく読んで研究してください。

A Drop in Sales

A drop in sales is a serious problem for any company. Such a problem should be addressed as soon as possible. One solution is to cut costs. Using less electricity or buying cheaper raw materials for products may work. Another solution is to reach out to new customers. Changing the way a company advertises its products can help to find different types of customers. For example, putting ads on social media may increase the number of young customers. Cutting costs and generating more customers can usually help in getting a company on the right track.

売り上げの落ち込み

　売り上げの落ち込みはどの企業にとっても深刻な問題です。そのような問題はいち早く取り組まないといけません。1つの解決策はコストの削減です。電気の使用を減らしたり，製品のための安い原料を調達することなどが効果を生むでしょう。もう1つの解決策は，新たな顧客を開拓することです。企業が自社製品の宣伝方法を変えると，今までとは違ったタイプの顧客を探り当てるのに役立つことがあります。例えば，SNS に広告を載せることで，若い顧客の数が増えるかもしれません。コスト削減と顧客開拓は通常，企業の立て直しに役立ちます。

[Outline]

Sample A での **Task** に対する考え方・構成をざっとメモにするとこんな感じです。

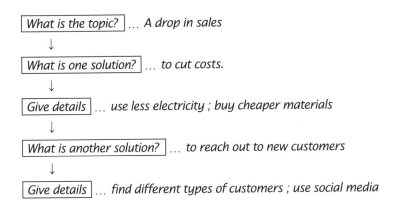

| What is the topic? | ... A drop in sales |
↓
| What is one solution? | ... to cut costs. |
↓
| Give details | ... use less electricity ; buy cheaper materials |
↓
| What is another solution? | ... to reach out to new customers |
↓
| Give details | ... find different types of customers ; use social media |

[Template]

実際に自分の答案をつくってみましょう。どうしても書けない場合は，このテンプレートを使って書いてみてください。

My problem is that _____.

_____

One solution is to _____. _____

_____

Another solution is to _____. _____

_____

In sum, _____ *will solve this problem.*

🔊))49

テンプレートどおりにつくったもうひとつのサンプルも，参考までに挙げておきます。

Feeling Tired

My problem is that I always feel tired these days. Because of that, I can't study for long hours or lose my breath after walking only a short distance. One solution is to stop eating too much. I often eat a lot and fall asleep after each meal, so if I eat less, I will probably stay awake. Another solution is to get up and go to bed at the same time. Currently, I stay up late to study or watch a movie, and the next day I feel tired and take a nap. If I make good habits, I will feel better and study well at the right time. In sum, watching what I eat and when I go to bed will solve this problem.

疲れ

　私の問題は，このところいつも疲労を感じることだ。そのせいで，長い時間勉強ができず，ほんの少し歩いただけで息があがってしまう。1つの解決策は，食べ過ぎをやめることだ。私はたくさん食べて，毎食後眠ってしまう。だから，食べる量を減らせば，たぶん起きていられるだろう。もうひとつの解決策は，毎日同じ時間に起きて寝ることだ。最近では，遅くまで勉強したり映画を見たりして，翌日疲れて昼寝をすることが多い。もし，良い習慣を身につければ，気分が良くなり正しい時間に勉強できるだろう。要約すれば，何を食べるかといつ寝るかに気をつければ，問題は解決できるだろう。

✦ 覚醒POINT ✦

テキストタイプⅢ　説明系は，話題・問題を取り上げた後，一定の論理展開に沿って説明する

 ## テキストタイプⅣ　意見・論述系

いよいよ最後まできました。ここでは自分の意見を述べてからその理由を挙げて，相手を納得させるという，テキストタイプⅣ意見・論述系に取り組みます。

 ## テキストタイプⅣ　意見・論述系の基本構成

❶まず，自分の意見・考えを述べて立場を明らかにする。そして，Stage 5 の展開パターン1：「抽象」→「具体」に従い→❷どうしてそう思うか理由をコンパクトに述べる→❸❷を相手にわかるように例を挙げたりしながら説明する。理由が複数あるときは❷❸を繰り返す→❹必要があれば，❷❸で書いたことを振り返りながら，❶で述べた意見を別の表現で最後にもう1度繰り返す。ただし，複数の理由を無理に挙げようとするよりは，自分とは反対の立場にそれなりに説得力がある場合などは，展開パターン5：「譲歩」→「反論」を用いたほうがよい場合があります。ここでは，このタイプのライティング課題では定番中の定番2つと試験でよく尋ねられるようなトピック1つを扱います。

Writing Task **12**

次のテーマに英語でエッセイを書いてください。

Do you think it is okay to tell lies?
嘘をついていいと思いますか。

Writing Task の理想的な答案です。よく読んで研究してください。

Lies Are Not Acceptable Anytime

Telling lies is not acceptable. Any lie will be eventually be exposed and will hurt others. Some may think that people can lie in order not to hurt others. This is not true, though. My father told a lie to my mother when he lost his job. He did so because he did not want her to worry. This lie made my mother think that her husband did not trust her, and in the end, they got divorced. In addition, lies often become bigger. People often have to tell other lies to make the first lie work. This generates more and more lies and more and more people become involved. To avoid this type of vicious cycle, it is better to avoid lying from the beginning.

どんなときでも嘘は許されない

嘘をつくことは許されません。どんな嘘でも結局はバレてしまい、他人を傷つけます。他人を傷つけないためには嘘をついてもよいと考える人もいるかもしれません。でもその考えは正しくありません。私の父は、失業したとき母に嘘をつきました。彼がそうしたのは、母を心配させたくなかったからです。この嘘によって、母は父が自分のことを信頼してくれていないのだと思うようになり、最後には彼らは離婚してしまいました。それに、嘘はどんどん大きくなります。最初の嘘がうまくいくよう、他の嘘を重ねなければならなくなることがあります。こうしてどんどん嘘が生まれ、どんどん多くの人が巻き込まれていきます。この種の負の循環を断ち切るには、最初から嘘をつかないほうがよいのです。

Outline

Sample A での **Task** に対する考え方・構成をざっとメモにするとこんな感じです。

Is it okay to tell lies? … No.
↓
Why? … Any lie will be exposed and hurt others.
↓
What example? … My father told a lie not to worry my mother, but it hurt her.
↓
Any other reason? … Lies become bigger.
↓
What does it mean? … People tell other lies to cover the first lie.

Template

実際に自分の答案をつくってみましょう。どうしても書けない場合は，このテンプレートを使って書いてみてください。

Telling lies is _____ . It is true that _____

_____ .

However, I believe _____ .

For example, _____

_____

_____ .

Also, _____ . _____

_____ .

For these reasons, _____ .

Sample B   🔊51

テンプレートどおりにつくったもうひとつのサンプルも，参考までに挙げておきます。

When Lies Are Acceptable

Telling lies is acceptable in some cases. It is true that most lies hurt other people and even small ones could become bigger in the end. However, there are some situations where telling the truth damages others. For example, we cannot tell little kids what really occurred when

161

their parents suddenly die. Small kids are not ready to accept their parent's death, so we often say to those kids that "they are in a very far place." Also, saying negative opinions is sometimes simply wrong. Who says, "you will probably fail the test," or "your new girlfriend is rude and ugly"? People with common sense would say, "I hope you will pass" or, "I am glad you got a new girlfriend" in such cases. For these reasons, telling lies should be accepted in some cases.

嘘をつくのが許されるとき

　嘘は場合によっては許されます。ほとんどの嘘が他人を傷つけ，小さな嘘でも最終的に大きくなることがあるというのは本当です。しかしながら，真実を言うことが他人を傷つける状況もあります。例えば，両親を突然亡くした小さな子供に実際に何が起こったのかを言うことはできません。小さな子供というのは彼らの両親の死を受け入れる準備ができていないので，「遠いところにいる」とよく言います。また，否定的な考えを述べるのはときには単純に間違っていることもあります。誰が「多分君は試験に落ちるよ」とか「君の新しい彼女は性格も容姿も良くないね」なんて言うでしょうか。常識がある人々は，このような状況では「受かるといいね」とか「彼女ができて良かったね」と言うものです。これらの理由から，嘘はある状況では受け入れられたほうがよいのです。

Writing Task **13**

次のテーマに英語でエッセイを書いてください。

Should high school students have to wear school uniforms?
高校生は制服を着なければいけないことになっていたほうがよいと思いますか。

Sample A　　　　　　　　　　　　　　　　　　　　🔊))52

Writing Task の理想的な答案です。よく読んで研究してください。

Reasons Students Should Wear Uniforms

In my opinion, it is good for high school students to wear uniforms. There are a few reasons to support this. First, if students have to wear uniforms, they don't have to think about what to wear every morning. Because of that, they can sleep longer. Also, they don't have to have so many clothes at home, and this helps them and their parents save money. Uniforms can also prevent students from behaving badly. Young people wearing uniforms stand out, which makes it harder for them to buy alcohol or illegal drugs, shoplift, have sex with strangers for money, or engage in other criminal activities. Uniforms both give students free time and help them stay away from danger.

制服を着ないといけない理由

　私の考えでは，高校生が制服を着ることは良いことだと思います。これにはいくつかの理由があります。最初に，生徒が制服を着なければいけないとしたら，毎朝何を着るのか悩まなくてよいからです。それによって，もう少し長く寝ていられます。また，彼らは家でそれほどたくさんの服が必要なくなるので，これは彼らや彼らの親にはお金の節約になります。制服はまた生徒たちが悪いことをするのを防ぐことがあります。制服を着ている若者は目につくので，アルコールや麻薬を買うことや万引き，お金のために見知らぬ人と性行為をすること，その他の犯罪行為に手を染めることが難しくなります。制服は生徒たちに余暇の時間を与え，危険から遠ざかるのを助けるのです。

Outline

Sample A での **Task** に対する考え方・構成をざっとメモにするとこんな感じです。

Should high school students have to wear uniforms? ... *They should.*
　↓

What is your first reason? … *They don't have to think about what to wear every morning.*

↓

Add detail … *They can sleep longer.*

↓

What is your second reason? … *Students don't have to buy other clothes.*

↓

Add detail … *They save money.*

↓

What is the third reason? … *They prevent students from behaving badly.*

↓

Add detail … *They can't buy alcohol or drugs, shoplift, have sex for money, or engage in any other crimes.*

Template

実際に自分の答案をつくってみましょう。どうしても書けない場合は，このテンプレートを使って書いてみてください。

I don't think high school students should wear school uniforms. I have a few reasons to support this opinion. First, uniforms _____

_____. _____

_____.

Second, uniforms _____. _____

_____

_____.

Finally, _____. _____

_____

_____.

For these reasons, high school students should/should not have to wear uniforms.

Sample B 🔊))53

テンプレートどおりにつくったもうひとつのサンプルも，参考までに挙げておきます。

Why Students Should Not Wear Uniforms

I don't think high school students should wear school uniforms. I have a few reasons to support this opinion. First, uniforms are expensive. One uniform set costs between 30,000 and 40,000 yen. With such money, students could buy a lot of books to gain knowledge, or travel to gain experiences. Second, uniforms are not the best clothes for high school students. They are not comfortable. They also get wrinkled easily. Especially, female students feel cold only with skirts and short socks in winter. Finally, uniforms give adults a false impression. They associate students neatly wearing uniforms with purity. For example, teachers or other adults often ask me to take off my sweatpants when I wear them under my uniform's skirt. I wear it simply because I feel cold, but to them, students who do not wear uniforms as an adult would like look like bad students. I don't understand why high school students have to wear uniforms for such people. For these reasons, high school students should not have to wear uniforms.

なぜ生徒は制服を着ないほうがよいのか

　高校生は制服を着ないほうがよいと思います。この考えを支えるいくつかの理由があります。最初に，制服は高価です。制服一式は3万円から4万円します。そんなお金があれば，知識を増やすためにたくさんの本を買ったり，経験を広げるために旅行に行ったりすることができます。第2に，制服は高校生によって最善の服ではありません。着心地が悪いです。すぐしわが寄ります。とくに，女子生徒は冬にスカートと短い靴下だけなので寒いです。最後に，制服は誤った幻想を大人に抱かせます。彼らは，制服をきちんと着ている生徒が純粋であると錯覚するのです。例えば，私が制服のスカートの下にジャージのズボンを履いていると，先生や他の大人はそれを脱ぐようによく言います。ただ寒いから着ているだけなのに，彼らの望む方法で制服を着ていない生徒は悪い生徒に見えるのです。なぜ，大人のために制服を着てあげないといけないのかわかりません。以上の理由で，高校生は制服を着ることを強制されないほうがよいと思います。

次のテーマに英語でエッセイを書いてください。

What do you think of the decorations during the Halloween or Christmas seasons in Japan? Explain your answer with reasons.

日本のハロウィンやクリスマスの時期の装飾についてどう思いますか。あなたの考えを理由とともに説明してください。　　　　　　　　（英検2級 2021年 第3回・改題）

Sample A　　　　　　　　　　　　　　　　　　　　　🔊))54

Writing Task の理想的な答案です。よく読んで研究してください。

Decorations Have a Positive Effect

In my opinion, the decorations hung at most stations or shopping streets during the Christmas or Halloween seasons have a positive effect on their surrounding areas for a few reasons. First, decorations can improve security. A decorated area is brightly lit, and under such a condition, crimes, such as shoplifting or vandalism, are harder to carry out. In addition, decorations can increase tourism and grow the local economy. A decorated, brightly lit area is more likely to attract visitors, and these visitors will spend money. This can help people living in the area become richer and like the place they live in more. For these two reasons, having decorations is a positive thing for communities.

装飾は良い影響がある

　私の考えでは、クリスマスやハロウィンの期間に多くの駅や商店街に取り付けられた装飾は、複数の理由から周辺地域に良い効果をもたらす。まず第1に、装飾は安全性を強化させる。装飾された地域は照明で明るくなり、そういった状況下では万引きや公共物の破壊などの犯罪は起こりにくい。加えて、装飾は観光旅行を増加させて、地元の経済を成長させる。装飾され、明るく照らされた地域は、訪問客をより魅き付けやすく、その訪問客がお金を使う。このことはその地域に

住んでいる人々を豊かにし，自分たちが住んでいる場所をより好きになる。このような2つの理由から，装飾をすることは，地域社会にとって良いことだ。

Outline

Sample A での **Task** に対する考え方・構成をざっとメモにするとこんな感じです。

What do you think of the decorations? ... *They have a positive effect.*
　↓
What is your first reason? ... *They improve security.*
　↓
Give detail ... *brightly lit; Crimes are harder to carry out.*
　↓
What is your second reason? ... *They attract visitors.*

Template

実際に自分の答案をつくってみましょう。どうしても書けない場合は，このテンプレートを使って書いてみてください。

　　I believe that the decorations for Halloween or Christmas have a positive/negative effect on surrounding areas. There are a few reasons to support this opinion. First, decorations ＿＿＿＿＿＿＿＿＿＿＿＿.
＿＿＿＿＿＿＿＿＿＿＿＿＿＿＿＿＿＿＿＿＿＿＿＿＿＿＿＿
＿＿＿＿＿＿＿＿＿＿＿＿＿＿＿＿＿＿＿＿＿＿＿＿＿＿＿＿.
In addition, decorations ＿＿＿＿＿＿＿＿＿＿＿＿＿＿.
＿＿＿＿＿＿＿＿＿＿＿＿＿＿＿＿＿＿＿＿＿＿＿＿＿＿＿＿
＿＿＿＿＿＿＿＿＿＿＿＿＿＿＿＿＿＿＿＿＿＿＿＿＿＿＿＿.
For these reasons, I think the decorations can have a negative effect on communities.

167

テンプレートどおりにつくったもうひとつのサンプルも，参考までに挙げておきます。

Decorations Have a Negative Effect

I believe that the decorations for Halloween or Christmas have a negative effect on surrounding areas. There are a few reasons to support this opinion. First, decorations change the look of these areas. Each community has its own original beauty, but putting up decorations related to Halloween or Christmas can make all areas look the same and harm their originality. In addition, decorations might attract bad visitors. Although some customers brought in by the decorations spend money and help the local economy, others might behave badly and cause trouble. If local people start finding it uncomfortable to live in the place, it is not good for the community. For these reasons, I think the decorations can have a negative effect on communities.

装飾は悪影響がある

　ハロウィンやクリスマスのための装飾は周辺地域に悪い影響をもたらすだろう。この考えを支えるいくつかの理由がある。第1に，装飾はその地域の外観を変えてしまう。それぞれの地域には独自の美しさがある，しかし，ハロウィンやクリスマス関係の装飾を施すと，すべての地域が同じに見えて，各地域の独自性を損ねてしまう。それに，装飾は悪い訪問客を魅き付ける。装飾に引き寄せられる訪問客のなかには，お金を使って地元経済を助ける人もいるが，素行が悪く，問題を引き起こす人もいる。もし，地元の人々がその地域に住むのは快適でないと思い始めたら，地域にとっては良くない。これらの理由から，私は装飾は地域に悪い影響をもたらすと考える。

✦ 覚醒POINT ✦

テキストタイプⅣ 「意見・論述系」は意見を述べた後，その理由を根拠にあげながら示す

では最後に，大学入試問題を解いてみましょう。この Stage で学んだことを応用すれば，解答することができます。

Give It a Try! **1**

次の設問に対するあなたの答えを50語程度の英語で書きなさい。

1）
Describe your future career and how you plan to prepare for it.
（青山学院大学・文）

➡「将来何がしたいのか／何になりたいのか」➡「そのために何をする／しているのか」➡「なぜそれをしたいのか」がオートドックスな解答法です。

Sample Answer

 I plan to work as a counselor at either a school, hospital, or company. To achieve this, I will study psychology at university. I am also thinking about getting a qualification to be a counselor. Studying both could be challenging, but I really want to help people relieve their stress.

 私は学校か病院か会社でカウンセラーになろうと思っています。そのために，大学で心理学を勉強するつもりです。カウンセラーの資格を取ることも考えています。両方の勉強は難しいかもしれませんが，人々のストレスを和らげる手伝いをどうしてもしたいのです。

2）
 In a paragraph of about fifty English words, write a response to the following question.
What do you think about the status of women in Japan?
（東京女子大学）

➡「抽象→具体」の流れにしたがって書くのがコツです。

Sample Answer 🔊 56

The status of women is improving, but it's not very great yet. There are few female leaders in Japan. Most major companies have few female board members and hardly ever offer women positions of responsibility. In addition, it is still fairly rare for mothers to actively work outside the home.

女性の地位は向上していますが，それほど良いわけではありません。女性の指導者は日本にはほとんどいません。たいていの大企業でも，女性の取締役はほとんどいませんし，女性に責任ある地位につかせることもまれです。加えて，母親が家庭の外で積極的に活動するのもごくまれです。

Give It a Try! 2

次の英文は高校3年生の太郎さん宛てに，米国に住むホストブラザーのDavidさんから届いた手紙です。Davidさんからの問い合わせに対する返事を太郎さんの立場になって英語で書きなさい。

(専修大学)

Dear Taro,

It has been a long time since you came to stay with us here in America. I heard from my mother that you will be graduating from high school this year. Congratulations!

This year I will be applying to high schools. The first decision that I need to make is whether I should attend a public high school or a private high school. Since you are finishing high school this year, I wanted to hear about your experience. Did you go to a public high school or a private high school? What were some of the benefits of the type of school that you went to and what were some difficulties that you faced because of that type of school?

Again, congratulations on your graduation and good luck with university. I look forward to your answer.

See you,
Your American host brother

→手紙の形をとっていますが，基本的には，良い点と悪い点を比較しながら自分の考えを述べる力
が問われています。「自分は公立／私立に行った」→「良い点」→「悪い点」→「まとめ」と展開する
とよいでしょう。

Sample Answer ◀))57

Dear David,

Thanks for your letter.

As for your question, I went to a public high school. There were some benefits. First, the tuition was cheap, so my parents were really happy about that. Also, I could meet all types of students there. Although most students were from middle-class families, there were also rich students, poor students, and international students. This helped me expand my way of thinking.

There were some difficulties, though. For example, the teachers, facilities, and curriculum were not as great as those of good private schools. However, I think I had more benefits than difficulties, so overall I am satisfied with my decision.

I hope it helps. If you have more questions, feel free to ask me again.

Regards,
Taro

デイヴィッドへ

手紙ありがとう。

171

質問に関してだけど，ぼくは公立高校に行ったんだ。いくつか良いことがあった。最初に，学費が安かった。だから両親は喜んでいた。また，すべての種類の生徒がいた．ほとんどは中流階級出身だけれど，金持ちの生徒や貧しい家庭の生徒や留学生もいた。このことが視野を広げるのに役立ったんだ。

でも，良くない点もある。例えば，先生や設備，カリキュラムは一流私立に比べるとあまり良くない。それでも，悪いことよりも良いことの方が多かったと思っている。だから，全体的には自分の決断に満足しているよ。
これで役に立てばいいけど。まだ質問があったら，遠慮なく聞いてくれ。

敬具
タロウ

Give It a Try! **3**

次のテーマで100～150語程度のエッセーを具体例を挙げながら英語で書きなさい。

Write about an important decision that you have made in your life, and explain how that decision affected you.

（明治学院大学）

➡自分の体験を物語風に「何の決断をしたのか」➡「それによって起きた出来事の時間軸に沿って述べる」➡「変わった自分」と展開するのが良いでしょう。かなりベタですが，努力して何かを成し遂げた話を書くのが一番無難です。

Sample Answer 🔊))58

    Joining a dance club was the biggest decision in my life. I just wanted to be able to dance like Korean pop idols. At my first practice, I found that I was the only beginner. Everybody danced much better than me, and I felt ashamed. I thought of leaving the club and said so to some other members. They told me not to give up and offered me support. Their warm words stopped me and led me to practice harder than anybody. After a few months, a change occurred. The gap between me and the others felt narrower. After another few months, I didn't feel I was behind. In the next year, I was chosen to work in a group for a competition, and we won. This gave me confidence, and now I think that I can accomplish anything if I work hard. Actually, because of this experience, I have accomplished a few things other than dancing.

　ダンス部に入ったことが，私の人生最大の決断です。単に韓流アイドルグループのように踊れるようになりたかっただけでした。最初の練習で，私だけが初心者だと知りました。皆，私よりもずっと上手で恥ずかしかったです。ダンス部をやめようと思い，他の部員にそう話しました。すると引き留めてくれて，私の力になってくれました。彼らの温かい言葉が私を止めて，誰よりも一生懸命練習するようになりました。すると数ヶ月後に変化が起きました。私と他の部員との溝が縮まったのです。また数ヶ月たつと，自分が遅れているとは感じなくなりました。翌年には大会に出場するグループに選ばれて，グループで勝ちました。このことで私は自信がつき，今では一生懸命やれば何でも成し遂げられると思っています。実際，この経験のおかげで，ダンス以外でもいくつかのことを成し遂げたのです。

FANBOYS

for 「〜というのは, 〜」	*Nate prefers to live in the country, **for** time passes slowly there.* 「ネイトは田舎に住むほうが好きだ。というのは、そこでは時間がゆっくり流れるからだ」
and 「〜そして, 〜」	*Paul doesn't know anybody, **and** nobody knows him.* 「ポールは誰も知らないし、誰もポールを知らない」
「〜と〜」	*Uniforms both give students free time **and** help them stay away from danger.* 「制服は生徒たちに余暇の時間を与え、危険から遠ざけるのに役立つ」
nor 「〜もないし, 〜もない」	*Most people do not want to run into trouble, **nor** do they wish to cause trouble.* 「多くの人はやっかいなことに遭遇したくもないし、問題を起こしたくもない」
but 「〜, しかし〜」	*Danny believes he is a hard worker, **but** most people around him would disagree.* 「ダニーは自分が働き者だと信じているが、周囲のたいていの人はそう思っていない」
or 「〜, あるいは〜」	*Mr. Livingston will make an announcement himself, **or** he will have somebody else do it.* 「リヴィングストンさんは自分で告知するか、誰かにそれをしてもらうだろう」
「XかYかZ」	*I plan to work as a counselor at either a school, hospital, **or** company.* 「学校か病院か会社でカウンセラーになろうと思っています」
「〜, さもなければ〜」	*Lisa has repeatedly asked me not to tell her secret to anyone, **or** she will get in trouble with her mother.* 「リサは何度も私に彼女の秘密を誰にも話さないでくれ、さもないと母親とまずいことになる、と頼んできた」
yet 「〜, けれども〜」	*Ms. Elliot is a tough teacher, **yet** many people admire her.* 「エリオットさんは厳しい先生だが、多くの人は彼女のことを尊敬している」
so 「〜, だから〜」	*Rachel is too critical, **so** everybody dislikes her.* 「レイチェルは批判的すぎるので、みんな彼女のことが嫌いだ」

ON A WHITE BUS

once 「いったん〜すると，〜」	***Once*** *you get something, you want more.* 「一度何かを得ると，より多くを望んでしまう」
only if 「〜という場合のみ，〜」	*Actors can perform **only if** they pass the audition.* 「オーディションを通過したときのみ，俳優は演技することができる」
now (that) 「(今や)〜なので，〜」	***Now that*** *Naoko and Jiro have been working together for almost ten years, they know each other very well.* 「ナオコとジロウは10年近くも一緒に働いてきたので，互いをとてもよく知っている」
after 「〜後，〜」	***After*** *a half year had passed, Amy learned to do most things at the convenience store.* 「半年が過ぎた後，エイミーはコンビニでのほとんどのことができるようになった」
although 「〜だが，〜」	***Although*** *Alan had started working at a bakery, this job offered him a lot more.* 「アランはパン屋で働き始めたが，この仕事は彼にそれよりもずっと多くのものを提供した」
as 「〜につれて，〜」	*Members get used to their roles **as** they are on the team.* 「チームにいる間に，メンバーは自分の役割に慣れる」
「〜ように，〜」	*I did exactly **as** I was told to.* 「私は言われた通り，そのままにやった」
as if 「まるで〜かのように〜」	*Doug acts **as if** he does not know the woman.* 「ダグはまるでその女性を知らないかのように振る舞った」
as long as 「〜である限り，〜」	*The detective will keep chasing Fujiko Mine **as long as** she is identified as the primary suspect.* 「第一容疑者と見なされている限り，その刑事はフジコ・ミネを追い続けるだろう」
as soon as 「〜後すぐに，〜」	*As **soon as** Christie saw the clerk, she knew who he was.* 「クリスティーは店員を見るとすぐに，彼が誰なのかわかった」
as though 「あたかも〜かのように〜」	*The young lady looked scared, **as though** somebody was stalking her.* 「あたかも誰かが彼女をつけているかのように，その若い女性は怯えて見えた」
what 「〜ものを〜」	*People usually see only **what** they want to see.* 「人はふつう，自分が見たいものだけを見る」
「〜ことは〜」	***What*** *Mr. Edison says is often crazy.* 「エディソンさんが言うことは，たびたび常軌を逸している」

whatever 「〜は何でも〜」	*Dennis lets his wife do **whatever** she wants.* 「デニスは奥さんが望むことはなんでもやらせる」
「どんなことが〜でも， 〜」	***Whatever** happens, Alan never loses hope.* 「何が起きようとも，アランは望みを捨てない」
when 「〜なとき，〜」	***When** the economy is growing, people can easily find jobs.* 「経済が成長しているとき，職は簡単に見つかる」
「〜のときを〜」	*Most women remember **when** they got their first boyfriend.* 「ほとんどの女性が自分に最初の彼氏ができたときを覚えている」
whenever 「〜なときはいつでも， 〜」	***Whenever** my husband is hiding something, he gets unnaturally talkative.* 「夫は何かを隠しているときはいつも，不自然なほど饒舌になる」
where 「〜ところのX〜」	*This is the café **where** I first met my wife.* 「ここが私がはじめて妻に会った喫茶店だ」
「〜どこかを〜」	*Everybody in town wants to know **where** the missing children are now.* 「町の人たちはみんな失踪した子供たちがいまどこにいるのかを知りたがっている」
whereas 「〜なのに，〜」	*Most people say that Shawn is quite rude, **whereas** he is always nice to me.* 「彼はいつも私に親切にしてくれるが，ほとんどの人はショーンはとても無礼だと言っている」
wherever 「〜な場所はどこでも 〜」	*Mitch causes trouble **wherever** he works.* 「ミッチは働く場所がどこでも問題を巻き起こす」
whether 「〜だろうと，〜」	***Whether** my family stays in Tokyo or comes with me, I am going to move to Osaka.* 「家族が東京に残ろうと私と一緒に来ようと，私は大阪に引っ越す予定だ」
「〜かどうかを〜」	*Some girls have asked Peter **whether** he is trying to look like John Lennon.* 「何人かの女の子はピーターに，ジョン・レノンに似せようとしているのか尋ねたことがある」 *Paul had to decide **whether** to play in a rock band or join the soccer team.* 「ポールは，ロックバンドをやるのかサッカー部に入るのかを決めなくてはならなかった」 ***Whether** or not Sara and Roy are dating is of no concern to the other members.* 「サラとロイが付き合っているかどうかは他のメンバーにとっては関心のないことだ」

which 「どちらが〜と〜」	*Paula wondered **which** was her table.* 「ポーラはどちらが自分のテーブルだろうかと迷った」
「どちらのXを〜」	*It is difficult to decide **which** model to buy.* 「どちらの型を買うか決めるのは難しい」
「〜なX〜」	*Jessica is interested in a movie **which** was just released this week.* 「ジェシカは今週公開されたばかりのある映画に興味をもっている」
「〜，そしてそれは〜」	*Charles quickly ran away, **which** was wise.* 「チャールズは一目散に逃げた，それは賢い判断だった」
while 「〜である間, 〜」	***While** Rich was away from work, some new employees started working.* 「リッチが職場を離れている間，何人かの新入社員が勤務を開始した」
「〜である一方, 〜」	***While** Andrew prefers to be alone, Kevin always needs somebody around him.* 「アンドリューはひとりでいたがる一方，ケヴィンはいつも自分の周りに誰かを必要とする」
who 「〜する／である人は／を〜」	*Joe always complains about the ex-wife **who** left him.* 「ジョーは自分のもとを去った元の奥さんに対する文句をいつも言っている」
「誰が〜かは／を〜」	*The police are trying to find out **who** stole the car.* 「警察は誰が車を盗んだのかを探し出そうとしている」
「〜な人は／を〜」	*Hiroyuki is not **who** he used to be anymore.* 「ヒロユキはもう昔の彼ではない」
whoever 「誰が〜でも, 〜」	***Whoever** becomes the next prime minister, Japan will face financial problems.* 「誰が次の首相になろうと，日本は財政問題に直面するだろう」
「〜人は誰でも〜」	*Mom will probably give this kitten to **whoever** wants to raise it.* 「母はおそらく育てたいと思う人なら誰にでもこの子猫を譲るだろう」
why 「なぜ〜かを〜」	*My mother has never told me **why** my father left us.* 「私の母は，なぜ父が私たちの元を去ったのか決して話してくれない」
how 「どのように〜かを〜」	*Christie explained to the police **how** she got into the building.*「クリスティーは警察にどのようにしてその建物に侵入したのかを説明した」 / *Some people only care about **how** they look.*「自分がどう見えるかばかり気にしている人もいる」
however 「どんなに〜でも〜」	*Bonne's mother let her arrange her hair **however** she wanted.* 「ボニーの母親は彼女が望むように髪型をアレンジさせた」 ➡ *Hannah is a bit difficult. **However**, she is also intelligent.* 「ハンナはちょっと気難しい。しかしながら，彼女は知的でもある」

if 「もし〜なら, 〜」	*Larry might win the match **if** he is extremely lucky.* 「ラリーはとても運がよければ, その試合に勝てるかもしれない」
「もし〜という状況なら, 〜」	*If I were you, I would take the offer.* 「私があなたなら, この提案は受けるだろうな」
「仮に〜であったのならば, 〜だっただろう」	*If I had studied harder, I could have entered a better school.* 「もし, 私がもっと勉強していたら, もっと良い学校に入れただろう」
「〜かどうかを〜」	*Laura asked Jim **if** he liked Carla.* 「ローラはジムに, カーラのことを好きかどうか尋ねた」
in case 「〜というときのために, 〜」	*Eric always carries a snack **in case** he gets hungry.* 「エリックはお腹がすいたときのために軽食をいつも携帯している」
in order that 「〜であるためには〜」	*We should work overtime **in order that** the project finishes on schedule.* 「計画を予定通りに終了させるためには私たちは残業したほうがよい」
than 「〜より〜」	*Neil performed much better **than** we thought.* 「ニールは私たちが思っていたよりずっとよくやった」
that 「〜だと〜」	*Many people are feeling **that** things are not going well.* 「多くの人はものごとがうまくいっていないと感じている」
「〜ということは〜」	*Everybody felt sad **that** Joan was leaving.* 「みんなはジョウンが行ってしまうのは悲しいと感じた」
「〜というXは〜」	*The idea **that** Mr. Watson killed his wife is ridiculous.* 「ワトスン氏が妻を殺したという考えは馬鹿げている」
「〜する／であるXは／を〜」	*We decided to throw away the air conditioner **that** often broke.* 「私たちはしょっちゅう壊れるエアコンを捨てることにした」
「〜なXは／を〜」	*Kate plays the guitar (**that**) her brother used before.* 「ケイトは弟が以前使っていたギターを弾いている」
though 「〜だが, 〜」	*One male student said something important, **though** I don't remember what it was.* 「私はそれが何だったか覚えていないが, 一人の男子生徒が何か重要なことを言った」 ➡ *One male student said something important. I don't remember what it was, **though**.* 「一人の男子生徒が何か重要なことを言った。それが何だったか覚えていないが」

till 「〜まで〜」	*We waited **till** Madeline came back.* 「マデリンが帰ってくるまで私たちは待った」 *Adam didn't make any plans **till** he knew exactly what was happening at the moment.* 「アダムはそのとき何が起きているのか正確に知るまでどんな計画も立てなかった」
even if 「たとえ〜でも, 〜」	***Even if** the band gives a great performance, it probably won't win the contest.* 「そのバンドがすばらしい演奏をしても, コンテストに勝つのはおそらく無理だろう」
even though 「〜にもかかわらず, 〜」	***Even though** the band gave a great performance, it still didn't win the contest.* 「そのバンドはすばらしい演奏をしたのだが, それでもコンテストに勝てなかった」
because 「〜なので〜」	*The owner closed the restaurant for a few weeks **because** there were not enough people to run it.* 「やっていくのに十分な人手がいないので, オーナーはレストランを数週間閉めることにした」
before 「〜前には〜」	*Brian and Jessica often went hiking together **before** their son was born.* 「息子が生まれる前にはブライアンとジェシカはよく一緒にハイキングに行った」
unless 「〜でない限り〜」	*The company will go bankrupt **unless** they get financial support.* 「財政援助を受けない限り, その会社は倒産するだろう」
until 「〜まで〜」	*The children played in the park **until** it got dark.* 「子供達は暗くなるまで公園で遊んでいた」 *Laura did not see the ocean **until** she was nineteen years old.* 「ローラは19歳になるまで海を見なかった」
since 「〜以来〜」	*Jim has wanted to be an actor **since** he was a small kid.* 「小さい子供のころからジムは役者になりたいと思っている」
「〜なので, 〜」	***Since** we had some time, we decided to go to the movies.* 「時間が少しあったので, 私たちは映画館に行くことにした」
so (that) 「〜であるように〜」	*Veronica pulled the curtains **so that** no one outside could see what she was doing in her room.* 「部屋でしていることが外の誰にも見えないように, ヴェロニカはカーテンを引っ張った」
「あまりに〜なので〜」	*Wayne is **so** reserved **that** he hardly gives his opinion to others.* 「ウェインはあまりにおとなしいので, 他人に自分の意見を述べることはほとんどない」

最頻出動詞100とその用法

アメリカ英語のコーパス COCA (Corpus of Contemporary American English) で最も頻度の高い 100 動詞とその用法をまとめてあります。

be	人/モノ・コト be 描写 ： 人/モノ・コト は 描写 である *Meeting new people is fun.*「新しい人に会うことは楽しい」/ *The girl with very long, red hair is my new girlfriend, Ashley.*「あのとても長い赤髪の女の子がぼくの新しい彼女のアシュリーだ」
	人/モノ・コト be 場所 ： 人/モノ・コト は 場所 にいる *More than twenty people are in this room right now.*「20人以上の人が今この部屋にいる」/ *Brandon was with his friends that evening.*「ブランドンはその夜友達と一緒にいた」
	There be 人/モノ・コト ： 人/モノ・コト がある *There was an earthquake last night.*「昨夜, 地震があった」/ *There will be some surprise.*「ちょっと驚くことがあるだろう」
	be -ing ：…している *A few teenagers were playing basketball in the park.*「何人かの10代の少年少女が公園でバスケットボールをしていた」
	be -ed/en ：…される *Lucinda was seen by a lot of people that night. = A lot of people saw Lucinda that night.*「その夜たくさんの人がルシンダを目撃している」/ *The Prime Minister's poor leadership is being criticized.*「総理大臣のお粗末な指導力は目下批判の対象にある」
have	have 人/モノ・コト ： 人/モノ・コト を持っている, 人/モノ・コト がある, モノ・コト を経験する *Both Kanazawa and Kyoto have many historical places.*「金沢にも京都にも多くの史跡がある」/ *Most people in town have a negative impression of Mr. Holmes.*「街の大部分の人はホームズ氏に否定的な感情を抱いている」/ *Hank had so many things to do last night.*「ハンクには昨夜とてもたくさんすることがあった」/ *Kids will have fun.*「子供達はたのしいときを過ごすだろう」/ *Laura had a mild cold last week.*「ローラは先週軽い風邪を引いた」/ *I have a headache today.*「今日, 頭痛がする」
	have -ed/en ：…したことがある, …してきた, …し終えた *Mark has won many swimming races.*「マークは多くの水泳大会に優勝したことがある」/ *I have already had lunch.*「私はすでに昼食をすませた」
	have to *do* ：…しなければならない *We have to stop wasting food.*「食料を無駄にするのをやめなければならない」
	have 人 *do* ： 人 に…させる *We should have children play soccer more often.*「子供たちにもっとサッカーをさせたほうがよい」
	have モノ・コト -ed/en ： 「 モノ・コト が…された状態にしてもらう」 *Karen had her hair cut. = Karen got a haircut.*「カレンは髪を切ってもらった」

do	My mom always asks me to study, but I rarely do. 「母は私に勉強するように言うが，私はほとんど勉強しない」／Laura does not like cooking, but she does like eating. 「ローラは料理は嫌いだが，食べるのは大好きだ」／Not only did Missy know Mr. Long, but also the two closely worked together. 「ミッシーはロングさんのことを知っているだけでなく，2人は一緒に親密に働いていた」
	do モノ・コト ： モノ・コト をする／終える　Aaron did a great job. = Aaron did well. 「アーロンはよくやった」／Bruce does business with a friend. Bruce does the difficult work, and his friend Andy does the easy work. 「ブルースは友達と事業をしている。ブルースは難しい仕事をし，友人のアンディーはやさしい仕事をする」／My homework is done（= finished）. 「宿題は終わった」
say	say モノ・コト to 人／モノ・コト ： モノ・コト を 人／モノ・コト に言う　Holmes said, "You are wrong" to Lestrade. 「ホームズはレストレードに『君の言うことは間違っている』と言った」／Catherine said nice things to Martin, and he felt happy. 「キャサリンはマーティンに優しい言葉をかけたので彼はうれしくなった」／With joy, I said yes to Larry's offer. 「喜んでラリーの提案に応じた」
	say（to 人 ） that ~ ：〜と（ 人 に）言う　Tina said（to me）that she was looking for Logan. = Tina said（to me）, "I am looking for Logan." 「ティナは私にローガンを探していると言った」／The suspect says that she has a perfect alibi. 「その容疑者は自分には完全なアリバイがあると言っている」
	say bad things about 人 ： 人 の悪口を言う　Some players said bad things about their coach. 「選手の中にはコーチの悪口を言う者もいる」
go	go 場所 ： 場所 に行く　Pete goes to this café two or three times a week. 「ピートはこの喫茶店に週2，3回行く」／Last summer, Wayne went to San Francisco. It was his first time to go outside Japan. 「去年の夏，ウェインはサンフランシスコに行った。日本国外に出る最初の機会だった」／Junko and I went on a two-night, three-day trip to a nearby hot spring. 「ジュンコと私は2泊3日の近場の温泉旅行に行った」／I want to be alone now. Please go away. 「今は一人になりたいんだ。あっちに行ってくれ」
	go 描写 ： 描写 になる　These eggs have all gone bad. 「これらの卵はすべて悪くなってしまった」／Everything is going well. 「すべてはうまく行っている」
	go（to） do ：…しに行く　We went to see my son. 「私たちは息子に会いに行った」／Just wait here. I'll go get some drinks. 「ここでちょっと待っていてくれ。飲み物を持ってくるよ」
	go -ing ：…しに行く　We went shopping downtown last weekend. （×We went to shopping …／×We went shopping to downtown…）「先週，街中まで買い物に行った」
	go with モノ・コト ： モノ・コト と調和する　His tie did not go with his suit. 「彼のネクタイはスーツと合っていない」

get	*get* モノ・コト ： モノ・コト を得る *Denise got a new job.* = *Denise obtained a new job.*「デニスは新しい仕事を見つけた」／*Doug got an e-mail from Charlie.* = *Doug received an e-mail from Charlie.*「ダグはチャーリーからメールをもらった」／*I got a cold.* = *I caught a cold.*「かぜをひいた」
	get 描写 ： 描写 になる　*Amanda got angry.* = *Amanda became angry.*「アマンダは怒った」
	get 人 モノ・コト ： 人 に モノ・コト を取ってくる　*Alex got Wendy a drink.* = *Alex got a drink for Wendy.*「アレックスはウェンディーに飲み物を持ってきた」
	get 人／モノ・コト *to do* ： 人／モノ・コト が…するようにする　*Hannah finally got her husband to understand.* = *Hannah finally convinced her husband.*「ハンナはついに夫にわかってもらった」
	get 人／モノ・コト 描写 ： 人／モノ・コト を 描写 にする　*Joyce got Nicole angry.* = *Joyce made Nicole angry.*「ジョイスはニコルを怒らせた」
	get into/out of 場所 ： 場所 に入る／から出ていく　*The woman got into a car and drove away.*「女性は車に乗り込むと去っていった」／*A room on the third floor is on fire. We have to get out of this building!*「3階の1室が火事だ。建物から出ないと」
	get up ： 起きる　*Amy gets up before five o'clock every morning.*「エイミーは毎朝5時前に起きる」
	get to 場所 ： 場所 に到着する　*Richard got to the airport at seven o'clock.* = *Richard arrived at* (= *reached*) *the airport at seven o'clock.*「リチャードは7時に空港に到着した」
make	*make* モノ・コト ： モノ・コト をつくる／引き起こす　*Todd is a movie director. He makes a lot of videos.*「トッドは映画監督だ。たくさんの動画をつくる」／*Everybody makes a mistake.*「誰でも過ちを犯す」／*Danny always makes trouble.* = *Danny always causes trouble.*「ダニーはいつも問題を引き起こす」
	make 人 *do* ： 人 に…させる　*Shawn tells a lot of jokes. He makes everybody laugh.*「ショーンはたくさん冗談を言う。彼はみんなを笑わせる」／*Darin wanted to watch a movie and relax, but his wife made him do some housework.*「ダーリンは映画を見てリラックスしたかったのに，奥さんは彼に家事をさせた」
	make 人 描写 ： 人 を 描写 にする　*Erin smiles at everybody. She makes people happy.*「エリンはみんなに笑顔を見せる。彼女は人々を幸せにする」
	make 人 モノ・コト ： 人 に モノ・コト をつくる　*My dad made me a bookshelf.* = *My dad made a bookshelf for me.*「父は私に本棚をつくってくれた」
	be made from モノ・コト ： モノ・コト でできている　*Butter is made from milk.*「バターは牛乳からできている」（元から大きく変わるとき）

	be made of モノ・コト : モノ・コト でできている　*My ring is made of platinum.*「私の指輪はプラチナ製だ」（元が何かが確認できるとき）
know 「知っている」	*know* モノ・コト／人　*I know Mr. Ito well.*「私は伊藤さんをよく知っている」
	know wh　*Jessica knows where Poppy lives.*「ジェシカはパピーがどこに住んでいるのか知っている」／*Mark knows how to run a business.*「マークはどのように会社を運営していくのかを知っている」
	know that ~　*Not so many people know that Madeline's son is a famous musician.*「マデリンの息子が有名ミュージシャンだということはそれほど多くの人は知らない」
	know about/of モノ・コト　*Arthur knows a lot about movies.*「アーサーは映画に詳しい」／*My father might know of a good tutor.*「父はよい家庭教師を知っているかもしれない」
think 「考える」「思う」	*think* that ~　*Everybody thinks that Tom misses staff meetings too often.*「トムは職員会議を欠席し過ぎていると誰もが考えている」
	think of ＋ 人／モノ・コト　*I miss my kids. I'm always thinking of them.*「子どもに会えなくてつらい。いつも彼らのことを考えている」
	think about 人／モノ・コト　*Young people have to think about their future.*「若い人たちは自分の将来について考えないといけない」
see	⇒見ようと思っていないのに自然に目にするというニュアンス（*cf.* look , watch ）
	see モノ・コト／人 ： モノ・コト／人 を見かける／ 人 に会う　*I saw a raccoon dog in my neighborhood yesterday.*「昨日近所でタヌキを見た」／*I saw a movie last weekend.*「先週末映画を見た」／*Helen is seeing Randy this weekend.*「ヘレンは今週末ランディーに会う」
	see that ~/if/wh ：～とわかる／かどうか確認する　*Everybody could see that Lori was very angry.*「誰もがローリーはとても怒っているのだとわかった」／*Somebody has to see if there is anybody inside.*「誰かが中に人がいるか確認しないといけない」／*We still cannot see where we went wrong.*「いまだにどこで間違ったのかわかっていない」
	see 人 *do* ： 人 が…するのを見届ける　*Natalie saw Rick kiss Beth.*「ナタリーはリックがベスにキスするところを一部始終見た」
	see 人 *-ing* ： 人 が…しているところを目にする　*A few people saw Natalie and Beth having an argument.*「ナタリーとベスが口論をしているところを何人かの人が見た」
	see 人 *as* モノ・コト ： 人 を モノ・コト とみなす　*Most people see Annie as their leader.*「多くのひとがアニーを彼らのリーダーとみなしている」

take	take 人／モノ・コト：人／モノ・コト を取る／持ち去る／受ける My sister took my bike and went to work, so I had to walk. 「妹が私の自転車に乗って仕事に行ってしまったので，私は歩かないといけなかった」／Brian will take a test on Friday. 「ブライアンは金曜に試験を受ける」／Don't take pictures of me! 「私の写真を撮らないでよ！」／Steve is taking medicine for his illness. 「スティーヴは病気のため薬を服用している」／Danny never takes (= listens to) his wife's advice. 「ダニーは妻の忠告を決して受け入れない」／Cheryl took my hand. = Cheryl took me by the hand. 「シェリルは私の手を取った」／Is this seat taken (= occupied)? 「この席は埋まっていますか」
	take モノ・コト／人 to モノ・コト：モノ・コト／人 を モノ・コト に持っていく／連れていく Craig took me to the hospital by car. = Craig drove me to the hospital. クレイグは私を車で病院に連れていってくれた。
	It takes 人 時間：人 に 時間 がかかる It takes me one hour to get to school. 「学校に行くのに1時間かかる」
	take モノ・コト off：モノ・コト を脱ぐ It was too hot in the room, so I took my coat off. 「部屋が暑過ぎたのでコートを脱いだ」➡↔put モノ・コト on
come 「来る」	"I think we'll leave you here," Steve said impatiently. "Wait, I'm coming! (✕ I'm going!)," Linda answered from upstairs. 「『置いていくぞ』スティーヴは待ちきれずに言った。『待ってよ，今行くから』とリンダは階上から返事をした」
	Winter comes late this year. 「今年は冬が遅くやってくる」
	The box came this morning. = The box arrived this morning. 「その箱は今朝届いた」
	come to 場所 Some friends came to my apartment, and we watched a soccer match together. 「何人かの友達が私のアパートに来て，一緒にサッカーの試合を見た」
	come back：戻ってくる My husband just came back from work. 「夫はたった今仕事から帰ってきた」
	come true：実現する Eric's dream came true. 「エリックの夢は叶った」
	come from 場所／原料：場所 出身である／原料 からできている Kevin comes from Vancouver. 「ケヴィンはバンクーバー出身だ」／Gasoline comes from oil. 「ガソリンは原油でできている」
want	want モノ・コト：モノ・コト を望む Satoshi wants more money. 「サトシはもっとお金がほしいと思っている」
	want to do：…したい Olivia wants to go back to Kansas City to see her mother. 「オリヴィアは母に会うためにカンザスシティーに帰りたい」(✕Olivia thinks she wants to go back to Kansas City to see her mother.)

	want 人 *to do*：人に…してほしい　*My wife probably wants me to earn more money.*「妻はおそらく私にもっとお金を稼いで欲しいと思っている」／*The woman did not want her husband to worry.*「その女性は夫に心配をかけたくなかった」
look	*look at* 人／モノ・コト：人／モノ・コトを見る➡見ようと思ってみる　*Joe is always looking at Hailey.*「ジョーはヘイリーをいつも見ている」／*Sherlock carefully looked at the damaged door.*「シャーロックは壊されたドアを注意深く観察した」
	look 方向：方向に目を向ける　*The girl is looking out of the window.*「その女の子は窓から外を見ている」
	look 描写：描写に見える　*Maho looks happy.*「マホは幸せそう見える」／*Apparently, soccer and futsal look similar.*「一見したところ，サッカーとフットサルは似て見える」
	look for モノ・コト：モノ・コトを探す　*Bonnie and Clyde are looking for a house to live in.*「ボニーとクライドは住む家を探した」
	look like モノ・コト：モノ・コトに見える　*Karen looks like a model or an actress.*「カレンはモデルか女優みたいだ」
	look on 人 *as* モノ・コト：人をモノ・コトとみなす　*Most girls looked on Michelle as their leader.*「たいていの女の子たちはミシェルを自分たちのリーダーだと思っている」
use	*use* モノ・コト：モノ・コトを使う　*I use my computer to write reports.*「私はレポートを書くのにコンピューターを使う」／*This room is used for dining.*「この部屋は食事をする目的に使われている」
	used to do：かつては…だった　*Some people used to smoke in this park.*「この公園でタバコを吸う人もかつてはいた」
	be/get used to モノ・コト／*doing*：…することに慣れ（てい）る　*It may take you a few months to get used to city life.*「都会の生活に慣れるのは数ヶ月かかるだろう」／*Finally, I got used to living alone with my father.*「ついに，私は父と二人だけで暮らすのに慣れた」
find	➡ずっと探していたものが見つかる／気づく。同義語は*discover*
	find 人／モノ・コト：人／モノ・コトを発見する　*The police searched the man's apartment and found some illegal drugs.*「警察は男のアパートを捜索し，不法薬物を発見した」／*I found a thousand-yen bill on the ground.*「地面に千円札が落ちているのを見つけた」
	find that ~：「～に気づく／わかる」　*Sherlock found that Edward killed Irene.*「シャーロックはエドワードがアイリーンを殺したのだとわかった」
	find 人／モノ・コト 描写：人／モノ・コトを描写だと思う　*Everybody found Rosie (to be) a very attractive student. = Everybody found Rosie attractive.*「誰もがロウジーをとても魅力的な生徒と思っていた」

find	find モノ・コト out / find out wh / that ~ ： モノ・コト を知る *Did you find out who killed the woman? = Did you discover who killed the woman?* 「誰がその女性を殺したのかわかりましたか」／ *We found out later that Jennifer was lying. = We learned later that Jennifer was lying.* 「私たちは後でジェニファーが嘘をついているとわかった」
	➡ **notice** 見たり聞いたりすることによって「気づく」 *Everybody has noticed a change in Veronica's behavior.* 「だれもがヴェロニカの振る舞いの変化に気づいていた」／ *Did you notice the difference between this hairstyle and my previous one?* 「この髪型と前の髪型の違いに気づきましたか」／ ［+ that ~］ *We noticed that Teresa was kind of weird on that day.* 「その日，テレサは少し変だと私たちは気づいた」
give	give 人 モノ・コト = give モノ・コト to 人 ： 人に モノ・コト を与える *Sophie gave a gift to her husband. = Sophie gave her husband a gift.* 「ソフィーは夫にプレゼントをあげた」／ *The pop singer gave us a cute smile.* （×*The pop singer gave a cute smile to us.*）「その人気歌手は私たちに可愛く微笑みかけた」／ *Phil had an old car, and he gave it to me.* （×*he gave it me.*）「フィルは古い車を持っていて，それを私にくれた」／ *Uniforms give students free time and help them stay away from danger.* 「制服は生徒に自由な時間を与え，危険から遠ざけるのに役立つ」／ *Sadly, my dad does not give proper respect to my mom.* 「悲しいことに，父は母にまともな扱いをしていなかった」
	give up -ing ： …するのをあきらめる *We gave up holding an outdoor event due to bad weather.* 「私たちは悪天候のために屋外行事を開くのをあきらめた」
tell	tell 人 about モノ・コト ： 人に モノ・コト を話す *Felix told me about his new girlfriend. He looked happy.* 「フェリックスは私に新しい彼女のことを話してくれた。うれしそうだった」
	tell モノ・コト ： モノ・コト を話す *My brother is telling the truth.* 「兄は本当のことを話している」
	tell モノ・コト from モノ・コト ： モノ・コト から モノ・コト を区別する *Smart people can tell opinion from fact. = Smart people can tell the difference between fact and opinion.* 「頭の良い人は事実と意見の区別がつく」
	tell 人 モノ・コト = tell モノ・コト to 人 ： 人に モノ・コト を話す *Sabrina told me her secret. = Sabrina told her secret to me.* 「サブリナは私に自分の秘密を話してくれた」
	tell 人 to _do_ ： 人に…するように言う *The boss told us to prepare for the presentation on Monday.* 「上司は私たちに月曜のプレゼンの準備をするように言った」
	tell 人 that ~ ： 人に～と言う *The young man told the police that he saw some friends at a Chinese restaurant on Friday.* 「その若い男は警察に，金曜日は中華料理店で何人かの友達と会っていたと述べた」／ *Sayaka told us that those rumors about her were not true.* 「サヤカは私たちに，彼女に関するそれらの噂は本当ではないと話した」

186

work 「働く」	Gayla works too much.「ゲイラは働き過ぎだ」／My older sister works for a company that makes cotton candy.「姉は綿アメをつくる会社で働いている」／Sarah is working at a bakery.「サラはパン屋で働いている」／Children learn to work with others through sports.「子供はスポーツを通じて他人と一緒に働くということを学ぶ」／Everything worked well.「すべてがうまくいった」／This machine is not working. = This machine does not work.「この機械は動かない」／We are trying to find out whether Mindy's plan works.「ミンディーの計画がうまくいくかどうか見きわめようとしている」
	work on モノ・コト：モノ・コト に取りかかる　Erica is working on a project for school.「エリカは学校の課題に取り組んでいる」
call	call 人：人 に電話する／呼びかける　Lou called Jane to ask for help.「ルーは助けを求めるためにジェインに電話した。」／Somebody called my name, and I turned my head.「誰かが私の名前を読んだので、振り返った。」
	call 人 モノ・コト：人 を モノ・コト と呼ぶ　His real name is Peter J. Collins, but we call him PJ.「彼の本当の名前はピーター・J・コリンズだが、私たちは彼をPJと呼ぶ」
try 「やってみる」	Gabby tried hard enough.「ギャビーは十分一生懸命やった」
	try to do：…しようとする　Lisa is still trying to decide what to wear.「リサはまだ何を着ようか決めようとしている」／My father did not try to change me.「父は私を変えようとはしなかった」
	try -ing：試しに…してみる　We should try using different suppliers.「私たちは別の供給業者を使ってみたほうがいい」／Melissa tried exercising more, but she didn't lose weight.「メリッサはさらに運動をしてみたが、体重を減らせなかった」
ask	ask 人 モノ・コト：人 に モノ・コト を尋ねる　Miles always asks me a lot of questions.「マイルズは私にいつもたくさんの質問をする」
	ask 人 wh：人 に wh を尋ねる　Josh asked me where I lived. = Josh asked (me), "Where do you live?"「ジョッシュは私にどこに住んでいるのか尋ねた」／Many people asked Andrew whether he was trying to look like John Lennon.「多くの人がアンドリューに、ジョン・レノンに似せようとしているのか尋ねた」
	ask 人 to do：人 に…するように頼む　The storeowner asked me to change my behavior.「店主は私に行ないを改めるように頼んできた」／Wakana asked us to let her join our band.「ワカナは私たちにバンドに入れてくれと頼んだ」
	ask (人) for モノ・コト：(人 に) モノ・コト を要求する　The police asked for my address.「警察は私の住所を尋ねた」／Tim asked his sister for $100.「ティムは妹に100ドルを要求した」
need	need 人／モノ・コト：人／モノ・コト を必要とする　Kevin always needs somebody around him.「ケヴィンはいつも自分の周りに誰かを必要とする」／I need a ride to the airport on Wednesday.「水曜日に空港まで行く足が必要だ」

need	***need to do***：…する必要がある　*You need to learn when to say no.*「NOと言うべきときを学ぶ必要がある」／*All people in our company need to take a health check on Tuesday.*「我が社のすべての従業員は，火曜日に健康診断を受ける必要がある」／*I need to finish my report.*「レポートを終えないといけない」／*You don't need to stay if you don't want to.*「いやならばここにいる必要はない」
	need -ing：…される必要がある　*This car needs repairing. = This car needs to be repaired.*「この車は修理の必要がある」
feel	***feel*** モノ・コト：モノ・コトを感じる　*I felt a sudden pain in my back.*「背中に突然痛みを感じた」
	feel 描写：描写と感じる　*Aaron felt sick and went home earlier than usual.*「アーロンは気分が良くなかったのでいつもよりも早く帰宅した」／*You can feel really alone in this small room.*「この小さな部屋で本当にひとりぼっちだと感じる」／*My feet feel cold.*「足元が寒い」／*Paula always feels tired these days.*「ここのところ，ポーラはいつも疲れを感じる」
	feel *that ~*：〜と感じる　*Everybody around Becca feels that she is very fashionable.*「ベッカの周りの人間はみんな彼女がとてもおしゃれだと感じている」／*James felt that his wife and daughter wanted him to come back to Michigan.*「ジェイムズは妻と娘は自分にミシガンに戻ってきて欲しいのだと感じた」
	feel 人 *do/-ing*：人／モノ・コトは…する／しているのを感じる　*Maddy felt somebody tap her on the shoulder.*「マディーは誰かが自分の肩を叩くのを感じた」／*Alice felt somebody pulling her hair.*「アリスは誰かが自分の髪を引っ張っているのを感じた」
	feel it 描写 *to do*：…するのを描写と感じる　*People in Tokyo often feel it uncomfortable to talk about personal matters with new people.*「東京の人は，会ったばかりの人と自分の個人的なことについて話すのは不快だと感じることが多い」
become	***become*** 描写：描写になる　*Hilary suddenly becomes angry at times. = Hilary suddenly gets angry at times.*「ヒラリーはときどき突然起こり出す」／*Maggie has become very popular.*「マギーはとても有名になった」／*My younger brother became an actor last year.*「弟は去年俳優になった」／*Alan's dream is to become rich.*「アランの夢は金持ちになることだ」／*Lies often become bigger.*「ウソはよく大きくなる」
leave	***leave*** 場所／人 (*for* 場所／人)：場所／人を (場所／人へ) 去る　*I leave home at 7：45.*「私は家を7時45分に出る」／*My ex-wife left me ten years ago.*「10年前に妻は私の元を去った」／*Eugene left his hometown ten years ago.*「ユージーンは故郷を10年前に去った」／*Many young people leave (their hometowns) for big cities.*「多くの若者は故郷を離れて大都会に出る」
	leave モノ・コト 位置：モノ・コトを位置に残す／置く　*Since I left my wallet at home, I had to borrow some money from a co-worker.*「財布を家に置いてきたので，私は同僚からお金を借りないといけなかった」

	leave モノ・コト 状態 ： 人／モノ・コト を 状態 にしておく　*Please leave the windows open. We need fresh air.*「窓は開けておいてください。新鮮な空気が吸いたいのです」／*Leave me alone. I want to study quietly.*「ほっといてくれよ．静かに勉強したいんだ」
put	put モノ・コト 場所 ： モノ・コト を 場所 に置く　*Grace finished reading today's newspaper and put it on Ryan's desk.*「グレイスは今日の新聞を読み終えると，ライアンの机の上に置いた」／*Most companies put ads on social media.*「多くの会社はSNSに広告を載せる」／*Bill put 3,000 yen in his wallet this morning.*「ビルは今朝，3000円を財布に入れた」
	put モノ・コト on ： モノ・コト を身につける　*It's very cold today! You have to put a coat on.*「今日はとても寒い！　上着を着ないと」／*The young lady was putting on makeup on the train.*「電車の車内で若い女性が化粧をしていた」➡ wear は「着ている」という状態を表す：*Whitney usually wears pants, but she is wearing a skirt today.*「ウィットニーはふだんズボンを履いているが，今日は彼女はスカートだ」／*Elizabeth is wearing makeup today.*「エリザベスは今日は化粧をしている」
	put モノ・コト together (= connect) ： モノ・コト をくっつける／つなげる　*Brooke and Kyle put their desks together so that they could share his textbook.*「ブルックとカイルは教科書を一緒に見るために机をくっつけた」
mean	モノ・コト means モノ・コト ： モノ・コト は モノ・コト を意味する　*"Perhaps" means "maybe."*「『もしかすると』とは『たぶん』ということだ」／*Getting something means losing something else.*「何かを得るということは，他の何かを失うことだ」
	mean to *do* ： …するつもりだ　*Seth didn't mean to hurt Shirley, but she was shocked by his careless remark.*「セスはシャーリーを傷つけるつもりはなかったが，彼の無神経な言葉に彼女はショックを受けた」／*Don meant well, but Katie took it personally.*「ダンは悪気はなかったのに，ケイティーは間に受けてしまった」
	mean that ~ ： ～ということを意味する　*Yesterday Mr. Logan said "not yet," but what's that supposed to mean? −He probably means that we should do better.*「昨日，ローガン氏は『まだだ』と言ったけど，どういう意味だったんだろう。−たぶん，もっとよくしたほうがいいという意味だよ」
let	let 人 *do* ： 人 に…させる　*Tak and Forest finally let Kevin join their band.*「タクとフォレストはついにケヴィンに彼らのバンドの仲間入りを許した」／*Aleda's parents did not let her travel with her close friends. = Aleda's parents did not allow her to travel with her close friends.*「アリーダの両親は彼女に親しい友達との旅行を許さなかった」／*Miki told me that I would have to let her know as soon as possible if something came up.*「ミキは私に，何かあればできるだけすぐ知らせるように言った」
	let 人 場所 ： 人 を 場所 に入れる　*Joe let his girlfriend into his room after his parents left.*「ジョーは両親が出ていくとすぐに彼女を自分の部屋に入れた」

keep	keep モノ・コト 場所／描写 : モノ・コト を 場所 にとっておく *Ayumi keeps all e-mails from her ex-boyfriend.*「アユミは元彼からのメールをすべて保存している」／*I always keep an umbrella in my locker.*「私はいつもロッカーに傘を置いている」／*Jack always keeps his room clean.*「ジャックは自分の部屋をいつもきれいにしている」／*Soccer keeps children in good health.*「サッカーは子供を健康な状態に保つ」
	keep -ing : …し続ける *Jim kept eating until he got full.*「ジムは満腹になるまで食べ続けた」
	keep 人 from doing : 人が…させないようにする *Matt's injury has kept him from playing the game until now.*「マットは怪我のせいで, 今まで試合に出ることができなかった」
begin 「始まる」	*The story begins with a murder.*「その物語は殺人で始まる」／*The meeting began [= started] at nine and finished [= ended] at eleven.*「会議は9時に始まり, 11時に終わった」
	begin モノ・コト : モノ・コト を始める *Darin began (reading) a book about American history.*「ダーリンはアメリカ史についての本を読み始めた」
	begin to _do_ : …し始める *Susie said to Ken, "I'm going back to America, and I won't return." Ken began to feel sad.*「スージーはケンに『アメリカに帰って, 戻ってはこない』と言った。ケンは悲しくなり始めた」
	begin -ing : …することを始める *Ashley began learning to cook with her father.*「アシュリーは父親と料理を学び始めた」
seem	It seems that ~/like : ～ということのようだ *It seems that PJ knows everything.*「PJはすべてを知っているようだ」／*It seemed like the game would go on forever.*「その試合は永遠に続くように感じられた」／*It seems like Angela and Marcus are hiding something.*「アンジェラとマーカスは何かを隠しているようだ」
	seem to _do_ : 「…するように思える」 *Working at a convenience store seems (to be) pretty easy.*「コンビニの仕事はとても簡単に思える」／*Our new store manager seemed okay.*「新しい店長は普通の人に思えた」／*Akane seems to be feeling down.*「アカネは落ち込んでいるようだ」／*Only a few people seem to know Alesha's secret.*「アリーシャの秘密はごくわずかな人しか知らないようだ」
talk 「しゃべる」	*We need to talk.*「私たちは話す必要がある」／*Donna is talking on the phone.*「ドナは電話で話している」
	talk with/to 人 about モノ・コト : 人 と／に モノ・コト を話す *I talked with my boss yesterday, and he accepted our plan.*「上司と昨日話をして, 私たちの計画を了承してもらった」／*Satoshi always talks about money.*「サトシはいつもお金の話をする」／*We talked about serious issues. = We discussed serious issues.*「私たちはまじめな話題について話し合った」／*Parents often tell their kids not to talk to strangers.*「両親はよく自分の子供に見知らぬ人と話すなと言う」

turn	turn (モノ・コト) 場所：モノ・コトを場所に向ける *"Hi." I said to Naomi. She turned (her head) and smiled at me.*「やあ」とナオミに声をかけた。彼女は振り向いて，私に微笑んだ」／ *Turn right at the second corner, then you'll see the station.*「2つ目の角を右に曲がってください。そうすると駅が見えますよ」
	turn 描写：描写になる *The weather turned cold.*「気候は寒くなった」／ *Shelley turned 20 years old yesterday.*「シャーリーは昨日20歳になった」
	turn モノ・コト into モノ・コト：モノ・コトをモノ・コトに変える *The music producer turned an amateur group into an international rock band.*「その音楽プロデューサーは素人の集まりを世界的なロックバンドに変えた」
	turn モノ・コト on/off：モノ・コトをつける／切る *After you enter the room, please turn on the lights.*「部屋に入ったら，灯をつけてください」／ *Before you leave the room, please turn the lights off.*「部屋を出る前に灯を消してください」
	turn out (to be) 描写：描写であることがわかる *All the rumors about Mr. Sakai turned out to be true.*「サカイさんについてのすべての噂は本当だとわかった」
help	help 人：人を手助けする *Vincent always helps people in trouble.*「ヴィンセントはいつも困っている人に手を貸す」
	help (to) do：…するのを助ける *Soccer helps keep young people in good health.*「サッカーは若い人が健康でいるのを助ける」
	help -ing：…するのを妨げる *I can't help thinking about Howard.−I think you're in love with him.*「『ハワードについての想いが止まらない』『彼のことが好きなんだね』」
	help 人 with モノ・コト：人をモノ・コトのことで手伝う *Simon helped Fatima with her report.*「サイモンはファティーマがレポートをするのを手伝った」
	help 人 (to) do：人が…するのを助ける *Repealing the consumption tax would help people spend more money.*「消費税を撤廃することで人々はもっとお金を使うようになる」／ *This great view helps me forget any bad feelings.*「このすてきな眺めは悪いことを忘れさせてくれる」
	help out：手伝う *Christy helps out in her husband's business on weekends.*「クリスティーは週末夫の事業を手伝う」
	help 人 out：人を手伝う *Andrew can't handle this problem himself. Let's help him out.*「アンドリューはこの問題を自分では解決できない。彼に手を貸そう」
start「開始する」	*First period starts at 9 : 20.*「1時間目は9時20分に始まる」／ *Rie started this part-time job to earn money.*「リエはお金を稼ぐためにこのアルバイトを始めた」
	start -ing：…し始める *Erika started playing the violin at the age of seven.*「エリカは7歳の時にヴァイオリンを弾き始めた」

start	***start to <u>do</u>***：…することを始める　*It started to rain.*「雨が降り始めた」／*When the teacher started to speak, one student's phone rang.*「先生が話し始めると，1人の生徒の携帯電話が鳴った」
	➡↔ *finish*：*Norma finished her homework in three hours.*「ノーマは3時間で宿題を終えた」
	finish -ing：*Tony finished working at the convenience store.*（×*Tony finished to work …*）「トニーはコンビニエンスストアでの仕事を終えた」
	➡↔ *end*：*The concert will end at 8：00.*「コンサートは8時に終わる」
show	***show*** 􀀀モノ・コト􀀀 􀀀モノ・コト􀀀を見せる　*Erica did not show any interest in her new role.*「エリカは自分の役に興味を示さなかった」
	show 􀀀人􀀀 􀀀モノ・コト􀀀 = ***show*** 􀀀モノ・コト􀀀 *to* 􀀀人􀀀：􀀀人􀀀に􀀀モノ・コト􀀀を見せる　*Peter showed a picture to Melody. = Peter showed Melody a picture.*「ピーターはメロディーに写真を見せた」／*The leader showed all the members on the team their goal.*「リーダーはチーム全員に目標を示した」
	show 􀀀人􀀀 􀀀*wh*􀀀：􀀀人􀀀に􀀀*WH*􀀀を教える　*The store manager showed me how to work.*「店長は私に働き方を教えてくれた」
	show 􀀀*that ~*􀀀：～であると示す　*The video showed that Steve is seeing Lily.*「そのビデオはスティーヴがリリーと会っていることを示した」
	show 􀀀場所􀀀：􀀀場所􀀀に表われる　*Anger showed in her face.*「彼女の顔には怒りが表われていた」
	show up：姿を現わす　*I waited until nine, but Daniel didn't show up.*「私は9時まで待ったが，ダニエルは現れなかった」
hear	➡音が耳に入ってくるニュアンスでの「聞く」
	hear 􀀀モノ・コト􀀀：􀀀モノ・コト􀀀が耳に入る　*The room was very quiet. We couldn't hear anything.*「部屋はとても静かだった。何も聞こえなかった」／*We heard some wild rumors about Wendy.*「私たちはウェンディーについていくらかうわさを聞いている」
	hear 􀀀人􀀀 ***<u>do</u>***：人が…するのを聞く　*Laura heard somebody knock on the door.*「ローラは誰かがドアをノックするのを聞いた」
	hear 􀀀人􀀀 ***-ing***：人が…しているところを耳にする　*Sharon heard Meg and Rachel saying bad things about her.*「シャロンはメグとレイチェルが彼女の悪口を言っているのを聞いた」
	hear 􀀀*that ~*􀀀：～と伝え聞く　*We hear that Nan is leaving for Hawaii.*「ナンはハワイへ行くと聞いている」
	hear from 􀀀人􀀀：􀀀人􀀀から連絡がある　*We have not heard from Adam. We don't know what he is doing.*「アダムからは連絡がない。彼がどうしているのか知らない」
	hear about 􀀀人􀀀：􀀀人􀀀について聞いて知っている　*I've heard about Joseph. He seems really smart.*「ジョゼフについては聞いたことがある。とても頭が良いらしい」

	⇒*listen to* 注意して耳を澄ますニュアンスでの「聴く」　*Nowadays, few people listen to music on CDs. They usually listen to music on the Internet.* (× *they listen music* …)「今はCDで音楽を聴く人はほとんどいない。人々は通常インターネットで音楽を聴く」／*Mr. Sakai told Maria to be friendly to others, but she didn't listen to him.*「サカイさんはマリアに他の人に愛想よくするように言ったが、彼女は彼の言うことを聞き入れなかった」
run	*Larry ran to the station to catch the train.*「ラリーは電車に乗ろうと駅まで走った」／*This railway runs from Moscow to Vladivostok.*「この電車はモスクワからウラジオストクまで行く」／*Tears are running down Catlin's face.*「涙がケイトリンの顔を流れた」／*This car runs on electricity.*「この車は電気で動く」／*We've got to hurry. We're running late.*「急がないと。遅れそうだよ」／*My mom is running for mayor.*「母は市長選に出ている」／*My dad is always running after younger women.*「父はいつも若い女性を追い回している」
	run モノ・コト ： モノ・コト を運営する　*My brother runs a business.*「私の兄は会社を運営している」
play 「競技する」	*Conrad plays on the basketball team.*「コンラッドはバスケットボールのチームでプレイしている」
	play モノ・コト ： モノ・コト を演奏する／演じる　*Keiko plays the violin.*「ケイコはヴァイオリンを弾く」／*Fiber plays an important role in digestion.*「繊維は消化に重要な役割を演じる」／*My daughter played the part of Juliet.*「娘はジュリエット役を演じた」
move	*move* モノ・コト ： モノ・コト を動かす　*Mark hurt his legs and couldn't move them.*「マークは怪我をして足を動かすことができなかった」／*Some friends of mine helped me move furniture to my new apartment.*「友達の何人かが家具を新しいアパートに移動するのを手伝ってくれた」／*The company is moving its headquarters to New York.*「会社は本社をニューヨークに移転する」／*President Obama's speech moved many to tears.*「オバマ大統領のスピーチは多くの人を泣かせた」
like	*like* モノ・コト ： モノ・コト を好む　*Jesse does not like vegetables.*「ジェシーは野菜が好きではない」
	like to do ： …するのが好きである　*Dennis likes to play basketball with his friends on weekends.*「デニスは友達と週末バスケットボールをするのが好きです」
	like -ing ： …することが好きです　*Rich and Joan like swimming.*「リッチとジョーンは水泳をするのが好きです」
	would like to do ： …したい　*Chloe would like to go to Europe someday.*「クロエはヨーロッパにいつか行きたいと思っている」⇒*want to do*よりも丁寧な表現
	would like 人 *to do* ： 人 に…してほしいと望む　*Most bosses would like their subordinates to work harder.*「大部分の上司は自分の部下にもっと仕事をしてほしいと思っている」⇒*want* 人 *to do*よりも丁寧な表現

like	⇒↔ *dislike* (-*ing*) : *John dislikes* (-*ing*) *sports.* 「ジョンはスポーツ（をするの）が嫌いだ」
believe	*believe* モノ・コト／人 : モノ・コト／人 を信じる　*We believed her word.* 「私たちは彼女の言葉を信じた」／ *I believe Stella. She's a nice girl.* 「ぼくはステラを信じるよ。彼女はやさしい女の子だ」
	believe that ~ : ～と信じる　*Bruno believes that Monica still loves him, but actually, she doesn't.* 「ブルーノはモニカはまだ自分のことを好きだと思っているが，実際はそうではない」
	believe in モノ・コト : モノ・コト の存在を信じる　*A lot of kids all over the world believe in Santa Claus.* 「世界中の多くの子どもたちはサンタクロースがいると信じている」
hold	*hold* モノ・コト : モノ・コト をつかむ　*Mike was holding his dog in his arms.* 「マイクは腕で犬を抱えている」／ *Could you hold the door open for a second?* 「ドアをちょっとの間押さえていていただけますか」
	hold 行事 : 行事 を開催する　*We are going to hold a year-end party next Tuesday.* 「来週の火曜日に忘年会を開くつもりだ」／ *The Fuji Rock Festival is held in Naeba every summer.* 「フジロックフェスティバルは毎年苗場で開かれる」
	hold on : 待つ（= *wait*）　*Just hold on a minute. I have to get this done.* 「ちょっとだけ待ってよ。これを終えないと」⇒話し言葉で使われる
live「生きる, 暮らす」	*Hiroshi and Hisae live peacefully.* 「ヒロシとヒサエは幸せな生活を送っている」
	live 場所 : 場所 に住む　*Harry lives in San Francisco. He likes the area very much.* 「ハリーはサンフランシスコに住んでいる。その地域をとても気に入っている」／ *Jenny lives with her parents.* 「ジェニーは両親と住んでいる」
	live 生活 : 生活 を送る　*They live a normal life. = They have a normal life.* 「彼らは普通の生活をしている」
happen「起きる」	*Something terrible happened to us.* 「恐ろしいことが私たちに起きた」／ *Trouble always happens to Steve.* 「トラブルはいつもスティーヴに起きるのだ」⇒*Steve always causes trouble.* 「スティーヴはいつもトラブルを起こす」と区別
	We never know what is going to happen in the future. 「未来には何が起こるのかわからない」
	happen to do : 偶然…する　*Sarah happened to see Albert and Kim having an argument.* 「サラは偶然アルバートとキムが口論をしているのを目撃した」
bring	*bring* モノ・コト／人 *to* 場所 : モノ・コト／人 を 場所 に持ってくる　*Amber always brings lunch to the office.* 「アンバーはいつも職場に弁当を持ってくる」／ *Marilyn brought her sister to the party.* 「マリリンは妹をパーティーに連れてきた」／ *Could you bring us two cups of coffee, please? = Could you bring two cups of coffee to us?* 「コーヒーを2つお願いします」／ *What has brought you to Japan? — I wanted to learn about Japan's anime culture.* 「『どうして日本に来たのですか』『日本のアニメ文化を学びたかったのです』」

	bring モノ・コト／人 *back*：モノ・コト／人を返す，戻す *Where's Andrea?* *—She's upstairs now. I'll bring her back.*「『アンドレアはどこだ』『2階にいる。連れて戻ってくるよ』」
	bring 人 *up*：人を育てる *Darin was brought up in Wisconsin.*「ダーリンはウィスコンシン出身だ」
write「書く」	*Mitch likes to talk, but he doesn't like to write.*「ミッチは話すのは好きだが，書くのは嫌いだ」
	write モノ・コト：モノ・コトを書く *Yasushi Akimoto wrote a lot of hit songs.*「秋元康はたくさんのヒット曲を作詞した」／ *Some people wrote negative comments on Jessica's social media page, which shocked her.*「何人かがジェシカのSNSに否定的なコメントを残して，彼女はショックを受けた」
	write モノ・コト *to* 人 = *write* 人 モノ・コト：人にモノ・コトを書く *Connor is writing an e-mail to a client. = Connor is writing a client an e-mail.*「コナーは顧客にメールを書いている」
	write モノ・コト *down* = *write down* モノ・コト：モノ・コトを書き留める *Monica always writes down her ideas in a small notebook. = Monica always writes her ideas down in a small notebook.*「モニカは小さなノートに自分の考えを書き留めている」
provide	*provide* モノ・コト：モノ・コトを供給する *The website provides information about events in town.*「このウェブサイトは街の行事に関する情報を提供します」／ *Solar and hydroelectric power provide between 8 and 9 percent of Japan's electricity.*「太陽光発電と水力発電は日本のエネルギーの8〜9パーセントを供給します」
	provide 人 *with* + モノ・コト = *provide* モノ・コトと *to* 人：モノ・コトを人に提供する *The department store provides its customers with delivery services. = The department store provides delivery services to its customers.*「このデパートは顧客に宅配サービスを提供する」／ *The government should provide more support to small businesses.*「政府は中小企業に支援をもっとしたほうがよい」
sit「座る」	*Jonathan walked over and sat next to Bonnie.*「ジョナサンは歩いてきてボニーの隣に座った」／ *The owner of the café is usually sitting at a table in the corner.*「その喫茶店の店主は，ふだん角のテーブルに座っている」
	sit down：腰を下ろす *Please sit down and relax.*「座ってくつろいでください」
stand	*stand* 場所：場所に立つ／位置する *The boy was standing by the door.*「その少年はドアのそばに立っていた」／ *Walter's house stands on a hill.*「ウォルターの家は丘の上にある」
	stand モノ・コト／人：モノ・コト／人をがまんする *Liz couldn't stand George, so she broke up with him.*「リズはジョージにがまんができなくなり，彼と別れた」／ *We could not stand the smell from that gentleman.*「私たちはその男性からの匂いに耐えられなかった」

stand	*stand up*：立ち上がる　*The lady stood up and came toward me.*「女性は立ち上がると私のほうに向かってきた」
	stand out：目立つ　*Young people wearing uniforms stand out.*「制服姿の若者は目立つ」
lose	*lose* モノ・コト／人：モノ・コト／人を失う　*Chris lost his job.*「クリスは仕事を失った」／ *I lost my best friend.*「私は親友を失った」／ *Virginia lost her husband. = Virginia's husband died.*「ヴァージニアは夫を失った」／ *Vickie lost weight and became skinny.*「ヴィッキーはやせてほっそりとした」／ *Mitch lost his friend's trust.*「ミッチは友人の信頼を失った」／ *Gary made a big mistake and lost confidence.*「ギャリーは大きなミスをして，自信をなくした」／ *These days, I lose my breath after only walking a short distance.*「このところ，少しの距離を歩いただけで息切れする」
	lose to モノ・コト：モノ・コトに負ける　*Chelsea lost to Manchester.*「チェルシーはマンチェスターに敗れた」
meet	*meet* 人：人に会う　*Bob does not like to meet me now.*「ボブは今，私に会いたがらない」／ *My parents met each other when they were in high school.*「高校の時，両親はお互いに出会った」／ *Wanda is planning to meet（up with）a friend later.*「ワンダは後で友達に後で会おうと計画している」
	meet モノ・コト：モノ・コトを満たす　*We worked hard to meet our customers' needs.*「顧客の要求を満たそうと私たちは一生懸命働いた」／ *Dylan is always ready to meet exciting new challenges.*「ディランはいつも新しい挑戦に挑む準備ができている」
pay	*pay* モノ・コト：モノ・コトを払う　*Everybody is paying attention to what Ms. Woods does.*「ウッズさんのすることにはみんなが注目している」
	pay for モノ・コト：モノ・コトに支払う　*I pay for insurance.*「保険を払っている」
	pay 人 金額・費用：人に金額・費用を支払う　*Mr. Lee had to pay the babysitter an extra fee.*「リーさんは子守に追加金額を支払わないといけなかった」
	pay 人 *for* モノ・コト：人にモノ・コトのお金を支払う　*Rachel paid her guitar instructor for last month's lessons.*「レイチェルはギター講師に先月のレッスン代を支払った」
	pay 人 *to do*：人が…するのに支払う　*Mr. Lee paid Samantha to take care of his kids over the weekend.*「リーさんはサマンサが週末彼の子供たちの面倒をみてくれたことにお金を支払った」
include	*include* モノ・コト：モノ・コトを含む　*Her name was not included on the list.*「彼女の名前はリストに載っていない」／ *The travel costs include airfare and accommodations.*「この旅費には飛行機代と宿泊費が含まれている」／ *Products made of recycled plastic include drink bottles, pens, and some clothes.*「再利用プラスチックでできた製品の例としてペットボトル，ペン，服などが挙げられる」

continue 「続く」	The argument continued for a few hours. 議論は数時間続いた
	continue モノ・コト ： モノ・コト を続ける Thomas and Peggy continued their conversation until they reached an agreement. 「トーマスとペギーは同意に達するまで会話を続けた」
	continue to <u>do</u> = continue -ing：…し続ける Sam plans to continue working with Brenda. = Sam plans to continue to work with Brenda. 「サムはずっとブレンダと一緒に仕事をしていくつもりでいる」
change	change モノ・コト ： モノ・コト を変える Decorations could change the look of this area. 「装飾がこの地域の外観を変える可能性がある」／Claire asked me to change my behavior. 「クレアは私に行動を改めるように頼んだ」／Robin has changed her hairstyle. = Robin's hairstyle has changed. 「ロビンは髪型を変えた」／Meeting a music guru dramatically changed my life. 「音楽界のカリスマとの出会いが私の人生を変えた」／We're going to change planes in Dallas. 「ダラスで飛行機の乗り換えをする予定だ」
set	set モノ・コト ： モノ・コト を置く The server is setting some chairs around the table. 「ウェイターはテーブルの周りに椅子を配置した」／Laura set the alarm for 6：00 A.M. 「ローラはアラームを6時にセットした」／You should set a realistic goal. 「現実的な目標を立てたほうがよい」
	set モノ・コト up： モノ・コト を設立する Tony set up his company five years ago. トニーは自分の会社を5年前に立ち上げた.
lead	lead （ モノ・コト／人 ） to/into モノ・コト ：（ モノ・コト／人 を モノ・コト に導く） Dorothy led us into her living room. 「ドロシーは私たちを居間に案内した」／Billy can lead other people. 「ビリーは他人を率いることができる」／The road leads up to a lake. 「この道は湖に続く」／Sam's tremendous effort has led to great results. 「サムのとてつもない努力がすばらしい成果を生んだ」／This accident led me to change myself. 「この事故によって私は自分を変えることになった」
learn 「身につける」	People learn from their mistakes. 「人々は過ちから学習する」
	learn モノ・コト ： モノ・コト を学ぶ Keita used to live in Chicago. He learned English there. 「ケイタはシカゴに住んでいた。そこで英語を身につけた」
	learn to <u>do</u>：「…できるようになる」 Lucinda learned to play the guitar at 15. 「ルシンダは15歳でギターが弾けるようになった」／After one year had passed, I learned to do most things at work. 「1年がたった時，私は職場でほとんどのことができるようになった」
	learn that ~ ：～ということを学ぶ We learned that James was leaving. 「ジェイムズがいなくなると知った」／I learned from this experience that hard work pays off. 「私はこの経験から，一生懸命やると報われると学んだ」
understand	understand モノ・コト／人 ： モノ・コト／人 を理解する Only Conrad can fully understand Kevin. 「コンラッドだけがケヴィンのことを十分に理解できる」

understand	_understand_ | _that ~ / wh_ | ：〜と／なのかを理解する　_Most business people understand that it is not easy to run a company._「ほとんどの会社員は会社を運営することはやさしくないと理解している」／ _I don't understand why high school students have to wear uniforms to make adults happy._「私はなぜ高校生が大人を喜ばせるために制服を着ないといけないのか理解できない」
watch	⇒動いているものを注意して「観る」というニュアンス
	watch | モノ・コト／人 | ： | モノ・コト | を観る　_Aaron stayed up late and watched a movie._「アーロンは夜更かしして映画を見た」／ _You have to watch what you eat. = You have to be careful about what you eat._「食べるものに気をつけないといけない」／ _People in Tennessee love to watch Tak because he plays the guitar very elegantly._「テネシーの人はタクの巧みなギター捌きを見るのが好きだ」
	watch | 人 | _do_ ： | 人 | が…するのを見る　_Carolyn sat down and watched the boys play soccer._「キャロリンは座って，男の子たちがサッカーをするのを見守った」
	watch | 人 | _-ing_ ： | 人 | が…しているところを見る　_The private detective watched the man going out of the building._「私立探偵は男が建物から出て行くところを見た」
	watch out ：注意する　_Watch out for deer when you drive on this highway._「この道を運転するときは鹿に注意しなさい」
follow	_follow_ | 人／モノ・コト | ： | 人／モノ・コト | に続く／従う　_Where's the library? − It's not far from here. Please follow me. I'll show you._「『図書館はどこですか』『それほど遠くないですよ。ついてきてください。御案内します』」／ _Everybody must follow these rules._「誰もがこれらの規則に従わなくてはいけない」／ _We just followed instructions._「私たちは指示に従っただけだ」／ _Nobody followed Ms. Matsumoto. = Nobody understood what Ms. Matsumoto said._「誰も松本さんの言うことは理解できなかった」／ _Mr. Dunn's lecture is hard to follow._「ダン先生の講義はわかりにくい」
stop「止まる」	_The express train stops at Barclays Center._「この急行列車はバークレーセンターで止まる」
	stop | 人／モノ・コト | ： | 人／モノ・コト | を止める　_If it is Paul's dream, you shouldn't stop him._「もし，それがポールの夢ならば，彼を止めるべきではない」／ _We should stop this bloody war._「この血生臭い戦争は止めよう」
	stop -ing ：　_Haruka stopped eating too much._（×_Haruka stopped to eat too much._）「ハルカは食べ過ぎをやめた」／ _When Kevin had his hair dyed blond, we couldn't stop laughing._（×…, _we couldn't stop to laugh_）「ケヴィンが髪を金色に染めたとき，私たちは笑わずにはいられなかった」
speak「話す」	_Eric often speaks in public._「エリックはよく人前で話をする」
	speak | モノ・コト | ： | モノ・コト | を話す　_Karl speaks Japanese very fluently._「カールはとても流暢に日本語を話す」

	speak with/to 人 *about* モノ・コト：人に／と モノ・コト を話す　*Hiroshi often speaks to new people about politics.*「ヒロシは初対面の人によく政治の話を持ちかける」／*Kelly has not spoken to Joey since last month.*「ケリーは先月からジョーイと話をしていない」
create	*create* モノ・コト：モノ・コト を生み出す／作り出す　*Building a new shopping mall will create jobs in town.*「新しいショッピングモールの建設が街の新たな雇用を生み出す」／*Stephen Spielberg has created many blockbuster movies.*「スティーヴン・スピルバーグはたくさんの大ヒット映画を作り出した」／*Billie Eilish is good at creating an atmosphere for her audience.*「ビリー・アイリッシュは聴衆のために雰囲気を作り上げるのがうまい」
allow	*allow* (人) モノ・コト：(人)に モノ・コト を許す　*Dogs are not allowed in the park.*「犬は公園に入ることを許されていない」／*Taking photos is not allowed. = You're not allowed to take photos.*「写真撮影が禁止されています」
	allow -ing：…することを許す　*The school did not allow wearing stockings.*「この学校はストッキングの着用を禁止していた」
	allow 人 *to do*：人が…するのを許す　*The boss allowed me to leave early. = The boss let me leave early.*「上司は早退を認めてくれた」／*Juliet's parents never allowed Romeo to see their daughter.*「ジュリエットの両親は決してロミオが彼らの娘と会うのを許さなかった」
read	*read* モノ・コト：モノ・コト を読む　*Roger read a lot of articles on the politician to get to know him well.*「ロジャーはその政治家を理解するために彼についてのたくさんの記事を読んだ」／*Lucy read the sign at the entrance to see where the research lab was.*「ルーシーはその研究室がどこにあるのかを確認するために入口の看板を見た」／*Ms. Greenfield reads her class stories. = Ms. Greenfield reads stories to her class.*「グリーンフィールド先生は生徒たちにお話を読んで聞かせた」
spend	*spend* モノ・コト：モノ・コト を費やす／過ごす　*Visitors spend money in this area.*「訪問客はこの地域でお金を消費する」／*Michelle loves fashion. She spends a lot (of money) on clothes.*「ミシェルはファッションに興味がある。服にたくさんのお金を使う」／*Ruby spent her summer at the beach.*「ルビーは海岸で夏を過ごした」
	spend 時間 *-ing*：時間 を…して過ごす　*Greg spends too much time playing video games.*「グレッグはテレビゲームをやりすぎる」
add	*add* モノ・コト *and/to* モノ・コト：モノ・コト に モノ・コト を加える　*The chef added some pepper to the soup.*「その料理人はスープにコショウを加えた」／*When you add eight to/and nine, you get seventeen.*「8＋9＝17です」／*Good employees add value to their company.*「よい従業員は会社に付加価値をもたらす」
	add up to 合計：合計 になる　*What Jen earns adds up to 50,000 dollars a year.*「ジェンが稼いだものは1年間に5万ドルになる」

grow 「成長する」	*The economy is growing rapidly.*「経済は急速に成長している」
	grow 描写 ：描写になる　*As people grow old, they understand how things work.*「歳をとるにつれて世の中がどういう仕組みで動いているのかわかるようになる」／*Erin is thinking about letting her hair grow long.*「エリンは髪の毛を長く伸ばそうかと考えている」
	grow up ：育つ　*Peggy grew up in a small town in Ohio.*「ペギーはオハイオの小さな町で育った」／*Lesley wants to be an actress when she grows up.*「レスリーは大きくなったら女優になりたいと思っている」
open 「開く」	*The door opened, and Pat came in.*「ドアが開いて，パットが入ってきた」／*The bank opens at nine o'clock.*「その銀行は9時に開く」⇒*The supermarket is open on Sundays.*「そのスーパーは日曜でも開いている」
	open モノ・コト ： モノ・コト を開ける　*The woman opened the door for me.*「その女性は私のためにドアを開けてくれた」
	⇒↔*close* ：*Eunice closed all the windows.* = *Eunice shut all the windows.*「ユーニスはすべての窓を閉じた」／*The door closed suddenly.* = *The door shut.*「ドアは突然閉まった」／*The store closes at 9 : 00 p.m.*（×*The store shuts at 9 : 00 p.m.*）「その店は9時に閉まる」／*The store is closed on Wednesdays.*「その店は水曜日は閉まっている」
walk 「歩く」	*Ian walks to his office every morning.*「イアンは毎朝徒歩で通勤する」／*When Jack was walking on the street, he saw Deborah and Tim shopping together.*「ジャックが通りを歩いているときに，デボラとティムが一緒に買い物をしているのを目撃した」
	walk 動物 ： 動物 を散歩に連れて行く　*Soji walks his dog every morning.*「ソウジは自分の犬を毎朝散歩に連れて行く」
offer 	*offer* 人 モノ・コト = *offer* モノ・コト *to* 人 ： 人 に モノ・コト を提供する　*The company offers excellent service to its customers.* = *The company offers its customers excellent service.*「その会社は顧客に上質のサービスを提供する」／*We offered Sally a job, but she didn't take it.*「私たちはサリーに仕事のオファーを出したが，彼女はそれを受け入れなかった」／*Mr. Song offered to help children in this area.*「ソンさんはこの地域の子供の手助けを買って出た」／*Adam always offers me useful advice.*「アダムはいつも私に役に立つ忠告をくれる」
remember	*remember* 人／モノ・コト ： 人／モノ・コト を覚えている　*I met her a few weeks ago, but I can't remember her name.*「私は彼女に数週間前に会ったが，彼女の名前は覚えていない」
	remember -ing ：…したことを覚えている　*Valerie remembers working under Dr. Oppenheimer, but I don't remember the details.*「ヴァレリーはオッペンハイマー博士の元で働いたことは覚えていたが，詳細は覚えていない」
	remember to do ：忘れずに…する　*You have a test on Friday. Please remember to bring some pencils and an eraser.*「金曜日は試験があります。鉛筆と消しゴムを持ってくるのを忘れないように」

	➡↔*forget*： *Yvonne has forgotten my name.*「イヴォンヌは私の名前を忘れてしまった」／*I forgot my phone.*「電話を忘れた」➡ *I left my umbrella in my office.* (× *I forgot my umbrella in my office.*)「かさを職場に忘れてきた」
	forget to do：…するのを忘れる *My father forgot to buy my mother a birthday gift and it made her mad.*「父は母に誕生日の贈り物を買ってくるのを忘れて，母を怒らせた」
win	*win* 人／モノ・コト ：人／モノ・コト に勝つ／勝ち取る *It doesn't seem that the Tigers will win this game.*「タイガースがこの試合に勝つようには思えない」➡ *The Tigers beat the Swallows.*「タイガースがスワローズに勝った」(× *The Tigers won the Swallows.*)／*Mark won many triathlon races.*「マークはたくさんのトライアスロンの大会で優勝した」／*We won first prize.*「1等をとった」／*Joe will do anything to win Hailey's heart.*「ジョーはヘイリーの心を射止めるためならなんだってする」
appear	*appear* 場所 ：場所 に現われる *Some romantic scenes appear in the film.*「その映画にはいくつかのラブシーンがある」／*My first girlfriend often appears to me in my dreams.*「私の最初の彼女はときどき夢に現われる」
	appear to do：…するように見える *Irwin and Sandra appeared to be happy.*「アーウィンとサンドラは幸せに見える」
consider	*consider* モノ・コト ：モノ・コト をじっくり考える *We must seriously consider all available options before making a decision.*「決断を下す前にすべての選択肢をじっくり検討しないといけない」
	consider -ing：…することを検討している *Rich is considering going back to the United States.*「リッチはアメリカに帰ることを考えている」
	consider モノ・コト／人 (*to be*) 描写 ：モノ・コト／人 と 描写 と考える *Telling the truth is generally considered to be important.*「真実を話すことは一般的に重要だと考えられている」／*Adopting this proposal is considered a big risk.*「この提案を採用するのは大きなリスクと考えられる」／*Alan considers Danny to be his best friend.*「アランはダニーを親友と考えている」
love	*love* 人／モノ・コト ：人／モノ・コト を愛している *Everybody loves Paula.*「みんながポーラのことは大好きだ」／*Hide and Shinji love soccer.*「ヒデとシンジはサッカーが大好きだ」
	love -ing：…するのが大好きだ *Ashton loves creating new things.*「アシュトンは新しいものを作り出すのが好きだ」／*People in Osaka love talking to new people and making jokes.*「大阪の人は見知らぬ人に話しかけて冗談を言うのが大好きだ」
	love to do：…することが大好きだ *Eric loves to do magic.*「エリックはマジックを披露するのが大好きだ」
	➡↔*hate*：*Jesse hates vegetables.*「ジェシーは野菜が大嫌いだ」／*hate to do/ doing Richard hates to cook. = Richard hates cooking.*「リチャードは料理をするのが嫌いだ」

love	→ *love > like > dislike > hate*
buy	*buy* モノ・コト ： モノ・コト を買う　*We're thinking about buying a house in the suburbs.*「私たちは郊外に家を買うことを考えている」／ *I never buy clothes at that store. The clerks are too rude.*「あの店で服は買わない。店員の態度が悪すぎる」
	buy 人 モノ・コト ＝ *buy* モノ・コト *for* 人 ： 人 に モノ・コト を買ってあげる *My boyfriend bought me a ring.* ＝ *My boyfriend bought a ring for me.*「私の彼が私に指輪を買ってくれた」
wait 「待つ」	*I'm terribly sorry for having kept you waiting.*「お待たせして本当に申し訳ありません」／ *We should wait until Cathy is back.*「キャシーが戻ってくるまで待ったほうがいい」
	wait for モノ・コト／人 ： モノ・コト／人 を待つ　*A high school boy is waiting for the bus.*「その男子高校生はバスを待っている」
	wait to do ：…しようと待つ　*A lot of women are waiting to use the bathroom.*「多くの女性がトイレを使おうと待っている」
die 「死ぬ」	*Nate doesn't have his mother. She died three years ago.*（×*Nate's mother has died for three years.*）＝ *Nate's mother has been dead for three years.*「ネイトには母親がいない。3年前に亡くなった」
	die of モノ・コト ： モノ・コト が原因で死ぬ　*My grandfather died of cancer last fall.*「私の祖父は去年の秋、ガンで死んだ」
	die from モノ・コト ： モノ・コト で死ぬ　*In this town, two teenage girls died from suicide three years ago.*「3年前，この町では，2人の10代の少女が自殺した」
send	*send* 人 モノ・コト ＝ *send* モノ・コト *to* 人 ： 人 に モノ・コト を送る *Charles sent us a message.* ＝ *Charles sent a message to us.*「チャールズは私たちに伝言を送った」／ *The female reporter sent pictures of the battlefield to her editor.*「その女性記者は編集者に戦場の写真を送った」
	send 人 *to do* ： 人 を…する使いにやる　*Rob sent his daughter to the grocery store to get some food.* ＝ *Rob told his daughter to go to the grocery store to get some food.*「ロブは娘を食料品店に使いにやった」
expect	*expect* モノ・コト ： モノ・コト を予期する　*I'm expecting a message from Paul.*「ポールからメッセージがくると思う」／ *Saya is expecting (a baby) in August.*「サヤは8月に赤ん坊が生まれる予定だ」
	expect 人 *to do* ： 人 が…することを期待する　*We are expected to be at the office at nine o'clock.*「私たちは9時には会社にいることが当然だと思われている」／ *The director expected his movie to be more popular.*「その映画監督は自分の映画がもっと人気が出ることを期待した」

	expect that ~：〜ということを期待する　*Most people expect that their hard work will be recognized by others.*「多くの人は自分の努力が他人に認めてもらえることを期待している」
serve	*serve* 食べ物 ： 食べ物 を出す　*They serve food very fast, and it's tasty.*「食べ物はすぐ出てきて，おいしい」
	serve 人／地域 ： 人／地域 の役に立つ　*Students in our school learn to serve their community by completing 20 hours of required volunteer work.*「私たちの学校の生徒は20時間の義務化された奉仕活動をすることで，自分の地域に役に立つことをすることを学ぶ」
	serve 場所 ： 場所 で働く　*The woman was serving at a restaurant downtown.*「その女性は繁華街のレストランで働いている」／ *Mr. Miller served in the Iowa House of Representatives for more than ten years.*「ミラーさんはアイオワ議会で10年間働いた」
stay	*stay* 場所 ： 場所 に滞在する　*My husband and I are going to Mexico this summer. We will stay at my husband's friend's place.*「夫と私はこの夏メキシコに行く。夫の友人のところに泊まる」
	stay 描写 ： 描写 のままでいる　*Although most other people looked nervous, Stacy stayed calm.*「ほとんどの他の人が神経質になっているが，ステイシーは冷静なままだった」／ *If you stay positive, something good will come to you.*「ずっと前向きでいれば，何か良いことがやってくる」／ *The grocery store near the station will stay open until midnight tonight.*「駅の近くのその食料品店は今夜は深夜0時まで開いている」
build	*build* モノ・コト ： モノ・コト を建てる／築く　*The company is building a new plant in Arizona.*「その会社はアリゾナに新しい工場を建設中だ」／ *Gen Hoshino has built his career in a unique way.*「星野源は独特の方法で自分のキャリアを築いた」／ *The governor successfully built a community outreach program in the state.*「知事は州の地域奉仕プログラムを作るのに成功した」
	build モノ・コト *up*：徐々に モノ・コト を築く　*Hiroko and Rick built up the company over fifteen years.*「ヒロコとリックは10年かけてその会社を築き上げた」
fall「落ちる」	*David accidentally stepped on a banana peel and fell to the ground.*「デイヴィッドはバナナの皮を踏んで，地面に転んだ」／ *Tonya was using her smartphone while taking the stairs. She tripped on a step and fell.*「階段を登りながら，トーニャはスマートフォンをいじっていた。彼女は段につまずいて転んだ」／ *In this area, the temperature falls quickly in the evening.*「この地域では夕方に気温は急に下がる」／ *Heavy rain fell last week in the Midwest.*「中西部では先週大雨が降った」／ *The company's stock is falling.*「会社の株価は下がっている」
	fall 描写 ： 描写 になる　*Erica fell asleep in math class.*「エリカは数学の授業中に寝落ちした」

cut	cut モノ・コト into モノ・コト：モノ・コトを切って モノ・コト にする　*Jim cut the meat into small pieces.*「ジムは肉を細かく切り刻んだ」
	cut モノ・コト：モノ・コトを切る／刈る　*Heather didn't have money to get a haircut, so she cut her hair herself.*「ヘザーは美容院に行くお金がなかったので，自分で髪を切った」／*We need to cut costs.*「コストを削減しないといけない」
kill	kill 人：人を殺す　*There was a very big fire on the mountain. A lot of animals were killed.*「山で大きな火事があった。多くの動物たちが命を失った」／*The bomb killed nearly sixty people.*「その爆弾で60人近くが死亡した」／*The police decided that the husband killed his wife.*「警察は夫が妻を殺したと結論づけた」
reach	reach モノ・コト：モノ・コトに達する　*Stephanie reached her hand out to Bob. = Stephanie reached out her hand to Bob.*「ステファニーはボブに手を差し伸べた」／*Charlotte's anger has reached a flash point.*「シャルロットの怒りは沸点に達した」／*The two companies have reached an agreement on their merging.*「2つの会社は合併の合意に達した」
remain「残る」	*Even after the murderer was arrested, some questions remain.*「殺人者が逮捕された後も，いくつかの謎は残っている」／*More than ten minutes still remain in the game.*「試合はまだ10分残っている」
	remain 描写：描写のままである　*Chuck remained silent for a while after his wife mentioned his wrongdoings.*「妻に彼の間違った行いに言及された後，チャックはしばらく黙っていた」
suggest	suggest モノ・コト：モノ・コトを提案する　*Matt suggested a few ideas to Tim.*「マットはティムに提案をいくつかした」
	suggest -ing：…することを提案する　*Cindy suggested starting the meeting.*「シンディーは会議を始めようと言った」
	suggest that ~：～ということを示唆する／提案する　*The study suggests that kids with enough sleep get better grades.*「この研究はよく寝る子供は成績がよいと示唆する」／*We strongly suggest that the event be held in September, not in August.*「私たちは8月でなく9月にその行事が行なわれることを強く勧めます」
raise	raise モノ・コト：モノ・コトを上げる／掲げる　*A few people raised their hands to ask the speaker questions.*「数人が講演者に質問をするために手を挙げた」／*The incident raises larger issues of globalization and poverty.*「その事件はグローバル化と貧困のより大きな課題を挙げた」／*If the government raises taxes, people will have trouble making enough money to live by.*「もし，政府が税金をあげれば，人々は生きていくために十分なお金をつくるのに苦労するだろう」
	→rise：*Prices rose last year.*「去年物価が上がった」／*Smoke is rising from the chimney.*「煙が煙突から上がっている」
pass	pass モノ・コト：モノ・コトを通過する　*Lorraine passes Jeremy's house on her way to school.*「ロレインは学校への道でジェレミーの家を通る」／*I passed my entrance exam.*「私は入学試験に合格した」

	時間 pass：時間が経過する　*Ten years have passed since that day.*「その日から10年が経過した」
	pass 人 モノ・コト = pass モノ・コト to 人：モノ・コト を 人 に渡す　*Megumi passed the book to Bob.*「メグミはボブにその本を渡した」
	pass on モノ・コト to 人：モノ・コト を 人 に回す　*My mom always passes the task on to me.*「母はその仕事をいつも私に押し付ける」
sell	sell モノ・コト：モノ・コト を売る　*I always shop at this supermarket. It sells most products at wholesale prices.*「私はこのスーパーマーケットでいつも買い物をする。ほとんどの品物を卸売価格で売っている」
	sell モノ・コト to 人：モノ・コト を 人 に売る　*Leah sold her guitar to Calvin.*「リアは自分のギターをカルヴィンに売った」
	sell モノ・コト for 価格：モノ・コト を 価格 で売る　*Earl sold his old car for 100,000 yen.*「アールは古い車を10万円で売った」
	sell out：売り切れる　*Masks sold out quickly.*「マスクはすぐに売り切れた」／*Excuse me, do you have any masks? — Sorry, we're sold out.*「『すみません，マスクはありますか』『申し訳ありません。当店では売り切れです』」
require	require モノ・コト：モノ・コト を要求する　*Writing requires critical thinking skills.*「ライティングは論理的思考力を要求する」
	require that ~：～ということを要求する　*Every state requires that doctors be licensed.*「すべての州で医師免許のある人が医者になれる」
	require 人 to *do*：人 が…することを要求する　*All students are required to wear uniforms.*「すべての生徒が制服を着ることを要求される」／*The rule requires companies to consider female candidates when searching for new board members.*「規則によって，すべての企業が新しく役員を探すときに女性を採用することを考慮しないといけない」
decide	decide モノ・コト：モノ・コト を決める　*Ricky's goal decided the game.*「リッキーのゴールが試合を決めた」
	decide to *do*：…すると決める　*Mark decided to run a marathon in April.*（X *Mark decided running* …）「マークは4月にマラソンをすることに決めた」
	decide wh：～かを決める　*People can't decide whether Missy is telling the truth or making it up.*「人々はミッシーが本当のことを言っているのか嘘を言っているのか判断がつかない」
	decide that ~：～ということを決定する　*We've decided that we're not going anywhere during the winter vacation.*「私たちは冬休みにどこにも行かないと決めた」
report	report モノ・コト：モノ・コト を報じる　*The murder case was reported on the morning news.*「その殺人事件は朝のニュースで報じられた」

report	*report* |*that* ~| : ～ということを報じる *Police reported that a college student was killed on the street.*「警察は大学生が通りで殺されたと報じた」
	report |モノ・コト| *to* |人| : |モノ・コト|を|人|に報告する *Audrey recently reported being stalked by a stranger to the police.*「オードリーは最近，見知らぬ人につけられていることを警察に伝えた」
return	*return to* |場所| : |場所|に戻る *After college, Joe returned to his hometown.*「大学を終えると，ジョーは故郷に戻った」
	return |モノ・コト| : |モノ・コト|に返事をする *Florence hasn't returned a call from her ex-husband since they got divorced.*「フローレンスは離婚してから一度も元夫からの電話に返答したことがない」
	return |モノ・コト| *to* |人| : |モノ・コト|を|人|に返す *I borrowed a book from Claudia last week, and I returned it to her yesterday.*「先週クローディアから本を借りて，昨日彼女に返した」

おわりに　Afterword

最後までお付き合い戴き，有難うございました。Stage 1 から Stage 6 まで全ての
タスクをこなした人は相当な力がついているはずです。最初は英語に全く自信が
なかったという人も，英語はすでに苦手科目ではなくなっているはずです。「読み
手にわかってもらうためのライティング力」→「書き手の気持ちがわかるリーディ
ング力」となり，読むのも楽しくなってきます。今後は読解の勉強が進むに比例
して，ライティングの表現はどんどん洗練されたものになっていきます。是非，志
望校の過去問に取り組んでみてください。この本で学んだ言語技術が小手先の
対策でも無用の長物でもないことに気づくはずです。
さらに，複数のセンテンスをつなげる力を磨きたい人には『英文を編む技術』（拙
著／DHC），もっともっと上を目指したいという人には『自由英作文の合格教室』
（鈴木健士著／KADOKAWA）をお勧めします。皆さんの成功を祈っています。

I'll keep my fingers crossed !

英文校閲：Michael McDowell
音声収録：ELEC
ナレーター：J.P. Mudryj　Karen Haedrich
カバーデザイン：西垂水敦 (krran)
本文デザイン・DTP：knowm

【著者紹介】

石井　洋佑 (いしい・ようすけ)
(Yosuke J. Ishii)

◉——英語教材執筆者。語彙・文法などの知識面よりもクリティカルシンキングやコミュニケーション能力にフォーカスした教材づくりに関心がある。英語全般と外国人を相手とした日本語の指導経験に加えて，アメリカとアイルランドへの留学，編集プロダクションでの辞書制作，スタートアップ企業の通訳などの経験がある。

◉——著書に『論理を学び表現力を養う　スピーキングルールブック』『ネイティブなら小学生でも知っている会話の基本ルール』（テイエス企画），『英文を編む技術』（DHC）などがある（作品一覧はhttps://booklog.jp/users/yosukejishii/）

◉——好きな言葉はThe road to hell is paved with good intentions.（地獄への道は善意で敷き詰められている），You can't ever be really free if you admire somebody too much.（誰かを崇拝しすぎると本当の自由は得られない）とDon't be so stupid as to be called a master.（先生と呼ばれるほどの馬鹿でなし）。

note: https://note.com/this_and_that/

ゼロから覚醒　はじめよう英作文

2023年7月3日　　第1刷発行

著　者——石井　洋佑
発行者——齊藤　龍男
発行所——株式会社かんき出版
　　　　　東京都千代田区麹町4-1-4 西脇ビル　〒102-0083
　　　　　電話　営業部：03(3262)8011代　編集部：03(3262)8012代
　　　　　FAX　03(3234)4421　　　　　振替　00100-2-62304
　　　　　https://kanki-pub.co.jp/
印刷所——ベクトル印刷株式会社

乱丁・落丁本はお取り替えいたします。購入した書店名を明記して、小社へお送りください。ただし、古書店で購入された場合は、お取り替えできません。
本書の一部・もしくは全部の無断転載・複製複写、デジタルデータ化、放送、データ配信などをすることは、法律で認められた場合を除いて、著作権の侵害となります。
ⒸYosuke J. Ishii 2023 Printed in JAPAN　ISBN978-4-7612-3096-8 C7082